Was führt Menschen unter das Dach einer Koalition? Was geschieht, wenn sich Individuen oder Gruppen, Parteien oder Staaten zusammentun, um einem Gegner zu widerstehen oder ihn zu übertrumpfen? In den Feldern der Macht bieten Allianzen einen Vorteil besonderer Art. Die Verbündeten legen ihre Mittel zusammen und sind vereint stärker als jeder für sich. Jeder erhält mehr, als er allein jemals bekäme. Der politische Essay zeichnet die Umstände und Taktiken bei der Bildung von Koalitionen nach und untersucht die Gefahren, denen sie ausgesetzt sind, solange sie bestehen. Er zeigt die Maßnahmen der Selbsterhaltung und die Wege des Schicksals, auf denen Koalitionen ihrem Ende entgegen gehen. Die Lektüre lohnt sich für Praktiker, Beobachter und Studenten der Macht in Verbänden, Unternehmen, Universitäten, Medien, Parteien und Staaten.

Wolfgang Sofsky, 1952 in Kaiserslautern geboren. 1993 Geschwister-Scholl-Preis, 2015 Holbach-Preis. Weitere Werke: Die Ordnung des Terrors (1993), Traktat über die Gewalt (1996), Verteidigung des Privaten (2007), Das Buch der Laster (2009), Einzelgänger. Erzählungen (2013), Weisenfels. Roman (2014), Todesarten. Bilder der Gewalt (2015), Prinzip Sicherheit (2016), Lautlos. Kurze Geschichten (2017), Denkbilder (2017). Seine Bücher wurden in über zehn Sprachen übersetzt.

Wolfgang Sofsky

Koalitionen

Die Deutsche Nationalbibliothek verzeichnet diese Publikation in der Deutschen Nationalbibliographie; detaillierte Daten sind über www.dnb.de abrufbar
Erste Auflage 2017
© 2017 Wolfgang Sofsky
Published by the Author: Wolfgang Sofsky, Bovenden
Verlag: CreateSpace Independent Publishing Platform, London, Leipzig, Wroclaw
Printed by Amazon Leipzig/Wroclaw
ISBN-13: 978-197742188
ISBN-10:1975742184

Auch verschafft es einem Fürsten Ehre, wenn er sich als echter Freund oder Feind erweist, wenn er ohne jede Rücksicht die Partei des einen oder des anderen nimmt, was stets nützlicher ist, als neutral zu bleiben. Denn wenn zwei mächtige Nachbarn handgemein werden und es siegt einer von ihnen, so hast du von dem Sieger entweder etwas zu befürchten oder nicht. Hier wie dort wird es dir stets nützlicher sein, Farbe zu bekennen und ehrlich Partei zu ergreifen; denn im ersten Falle wirst du, wenn du neutral bleibst, stets die Beute des Siegers, zur Genugtuung und Freude des Besiegten, und du findest nichts, was dich rettet, keinen, der dir Zuflucht bieten kann. Der Sieger will keine verdächtigen Freunde und keine, die ihm im Unglück nicht beistehen können, und der Besiegte bietet dir keine Zuflucht, da du sein Los nicht hast erleichtern wollen... Es wird immer so kommen, daß derjenige, welcher es nicht gut mit dir meint, dich um Neutralität bitten wird. Der aber, welcher dein Freund ist, wird dich um Waffenhilfe bitten.. Im zweiten Fall, wenn du diejenigen, die sich bekämpfen, nicht zu fürchten brauchst, ist es um so klüger Partei zu ergreifen. Denn du trägst zum Untergang des einen mit Hilfe des anderen bei, der ihn, falls er klug wäre, retten sollte. Im Falle des Sieges bleibt er von dir abhängig, und bei deiner Hilfe ist es unmöglich, nicht zu siegen.

Niccolò Machiavelli

Inhalt

Eins, zwei, drei

Unter vielen steht niemand gern allein. Man sucht nach Partnern, die einem behilflich sind, nach Verbündeten, mit denen man sich zusammentun kann, nach Freunden, auf die man sich verlassen kann. Gemeinsam fühlt man sich sicherer; und gemeinsam ist man stärker als allein. Zumal bei Streitigkeiten ist Einsamkeit von Nachteil. Absprachen und Bündnisse indes erhöhen die Chancen, versprechen Vorteile, verschaffen einen Vorsprung an Macht. Wer sein Handeln mit anderen abstimmt und die Mittel zusammenlegt, verschiebt die Gewichte auf dem Spielfeld. Bündnisse sind ein preiswertes Verfahren, um mit einer vorgegebenen Anzahl von Trümpfen ein Maximum an Erfolg und Gewinn zu erzielen. Man findet Allianzen daher nicht nur in Familien, Gesprächsrunden, Kollegien oder Büroteams, sondern auch in Verbänden, zwischen politischen Parteien oder Staaten. Und da sich Bündnisse schon bezahlt machen, bevor man dem Gegner etwas abgerungen hat, tun sich häufig auch Partner zusammen, die anscheinend kaum etwas gemeinsam haben. Das Interesse an Macht bringt auch Fremde und Feinde zusammen, die solange Freunde bleiben, wie ihnen der Dritte gegenüber steht.

In der Gesellschaft sind viele Foren abgesteckt, auf denen Menschen mit widerstreitenden Neigungen, Interessen, Ansprüchen und Absichten aufeinandertreffen. Manchmal sind die Vorschriften streng und die Teilnahmeregeln exklusiv, manchmal sind die Zugänge offen und die Spielregeln lax. Hier können Menschen ihre Rivalitäten pflegen, ihre Ambitionen verfolgen und sich ihren Antipathien hingeben. Ob im Gehäuse der Institutionen, ob in Gremien hinter verschlossener Tür oder auf öffentlichen Marktplätzen, Menschen suchen Anhänger, Partner, Mitstreiter. In der Konkurrenz um Rang und Ruhm, Status, Geld und Einfluß sind Bündnisse die wichtigste soziale Machtquelle. Entscheidungen in

Vereinen, Verbänden, Firmen, Behörden, Parteien, Parlamenten oder Regierungen sind oft eine Frage der Koalitionsmacht. Wo es Erfolg verspricht, werden Allianzen gegründet, aufgebaut, repariert. Sie unterliegen Angriffen und Anfeindungen und müssen sich daher selbst erhalten. Doch am Ende werden sie aufgelöst oder zerstört, durch Kräfte von außen oder aus dem Innern. Die Koalition ist eine Sozialform eigener Art. Sie weist besondere Strukturen auf, sie ist speziellen Gefahren ausgesetzt, die am Ende zu ihrem Zerfall führen.

Sind zwei miteinander allein, erübrigt sich eine Koalition. Sobald aber Dritte die Szene betreten, verändert sich alles. Die Einsamkeit zu zweit ist beendet. Der Neuling tritt zwischen die beiden und löst eine Rivalität aus. Dritte können einen Zwist zwar mildern, aber oft entfachen oder verschärfen sie ihn. Daß jeder allein für sich bleibt, ist die Ausnahme. So muß man den Dritten umwerben, damit er sich nicht dem anderen anschließt. Man sucht nach Gemeinsamkeiten, Ähnlichkeiten, Neigungen, man sondiert und verhandelt über die Bedingungen der Zusammenarbeit, man stärkt die innere Einheit, spricht sich ab, skizziert Pläne, Aufgaben, Programme. Gleichzeitig setzt man alles daran, den Rivalen auszustechen. Man schwärzt ihn an, bringt ihn in Mißkredit, schürt Mißtrauen, diffamiert ihn, sucht ihn in die Isolation abzudrängen. In der Triade fächern sich die taktischen Aktionen auf. Mit dem Dritten sucht man die Gemeinsamkeit im Streit gegen den Zweiten. Kooperation und Konflikt geschehen gleichzeitig. Der Machtprozeß ist direkt und indirekt zugleich. Der Erste und Zweite sind einander feindlich und buhlen deshalb um den Dritten. Und weil sie untereinander konkurrieren, sind sie einander feindlich.

I. Die Struktur der Koalition

Der Dritte ist Mittel und Ziel des Konflikts. Während des Wettbewerbs kann er gelassen abwarten. Doch sobald er sich einer Seite anschließt, ist die Rivalität entschieden. Nun dient die Kooperation dem Kampf gegen den anderen. Interne Abstimmung ersetzt die Propaganda. Von einer Allianz spricht man üblicherweise, wenn Akteure ihre Trümpfe zusammenlegen, um etwas zu erreichen, von dem sie glauben, daß es allein, ohne einen Partner, nicht zu erzielen ist. Nun ist nichts zu gewinnen, ohne daß der Gegner etwas verliert und der Sieger seinem Partner von der Beute etwas abgibt. Die Auseinandersetzung mit dem Zweiten verlangt die Zusammenarbeit mit dem Dritten. So erzeugt der Streit nicht nur Trennung, Dissoziation, Gegnerschaft, ja Feindschaft, ebenso schafft er Verbindung, Partnerschaft, Freundschaft.

Gegensätze, Gemeinsamkeiten

Kooperation und Konflikt lassen sich keineswegs direkt den inneren und äußeren Beziehungen einer Koalition zuordnen. Sowenig unter Gegnern jegliche Übereinstimmung fehlt, sowenig herrscht zwischen Verbündeten immerzu harmonisches Einvernehmen. Auch Allianzen bergen Spannungen und Gegensätze in sich. Zusammenhalt ist für sie ein ständiges Problem, und zwar nicht nur wegen der Distanzen zwischen selbständigen Partnern, sondern auch wegen der Abwerbemanöver des Kontrahenten. Der Gegner will eine Keil in das Bündnis treiben, einen Koalitionsstreit entfachen, einen Verräter zum Übertritt ermuntern. Als Konfliktpartei sind Koalitionen sind hochgradig zerbrechlich und müssen immer wieder repariert und geschützt werden.

Im Vordergrund der Partnerschaft steht zunächst der äußere Gegensatz. Man findet zueinander, weil man gemeinsam mehr zu erreichen glaubt als allein. Koalitionen unterstehen dem Primat der Außenpolitik, sie sind strategische Kooperationen. Bündnisse sind vornehmlich gegen etwas, nicht für etwas. Gefühle der Zusammengehörigkeit können einen Pakt stärken, sie bringen ihn aber nicht hervor. Im Gegensatz zur strikten Sacharbeit zielt die strategische Kooperation auf Macht und Sieg. Zwar verkünden die Alliierten, zumal vor den Augen eines kritischen Publikums, unentwegt die strenge Sachlichkeit ihrer Arbeit. Appelle an Sachlichkeit finden immer Beifall und Zuspruch und disziplinieren obendrein die Machtgier. Bündnisse schließen sich, so heißt es, zusammen zum Wohle der Gemeinschaft, des Staates, der Gruppe. Doch dies ist nichts als politische Rhetorik. In Wahrheit verhalten sich Allianzen ungemein flexibel, passen sich den jeweiligen Umständen an oder unterdrücken zusammen Entscheidungen, um Widerspruch und Opposition gar nicht erst aufkommen zu lassen. Koalitionen erfordern zwar Arbeit, auch Arbeit an sich selbst, aber die Sache ist stets überschattet durch die Gegnerschaft nach außen.

Wie bei sozialen Gruppen wechseln auch bei Koalitionen die Grade der Gemeinsamkeit. Die Skala reicht von dem spontanen, momentanen Zusammenschluß über befristete Zweckbündnisse bis zur institutionell verfestigten Allianz. Manche Bündnisse zerfallen schon beim leisesten Anzeichen einer Verschiedenheit, andere setzen sich aus früheren Erzfeinden zusammen, die sich zur Selbsterhaltung auf das kollektive Minimum verständigt haben. Oft werden erst einmal die Chancen der Zusammenarbeit erkundet, bevor man wieder auseinandergeht oder endgültig den Bund besiegelt. Rationale Allianzen bleiben nur so lange vereint, wie ihr Ziel in Reichweite bleibt. Andere Allianzen indes dauern fort, weil gemeinsame Gewohnheiten den Kalkül der Zweckmäßigkeit ersetzt haben.

Dennoch ist die Koalition eine Sozialform eigener Art. Anders als in sozialen Gruppen entspringt das Gefühl der Zugehörigkeit nicht wechselseitiger Sympathie, sondern der gemeinsamen Aversion gegen den anderen. Das „Wir" der Allianz stellt sich gegen das „Ihr", es gründet nicht auf der unverwechselbaren Einzigartigkeit der Partner, sondern allein auf dem äußeren Gegensatz. Da es um die Wirkung nach außen geht, zählt weniger die innere Verbindung als die Verbindlichkeit der Verbindung. Und weil nur ein Mindestmaß an Verläßlichkeit erforderlich ist, muß man bei Bündnissen so wählerisch nicht sein. Koalitionen gleichen eher einer Vernunftehe als einer innigen Partnerschaft. Als Person ist der andere meist ersetzbar. Dies sichert Beweglichkeit und mindert persönliche Abhängigkeit. Je geringer nämlich die Wünsche nach Sympathie sind, desto zahlreicher die Alternativen bei der Partnerwahl.

Allianzen kommen in der Regel mit dosiertem Vertrauen und persönlicher Vertrautheit aus. Soziale Exklusivität ist unnötig. Auch Koalitionen ziehen eine Grenzlinie zur Umwelt und bilden ein locker geknüpftes System, von dem andere ausgeschlossen sind. Aber diese Zusammengehörigkeit stellt sich nicht symbiotisch gegen den Rest der Welt. Es mag bei Koalitionswechseln hin und wieder persönliche Enttäuschungen geben, aber die Aufkündigung der Gemeinsamkeit bedeutet nicht das Ende der Welt. Mißerfolge rechtfertigen Austritt und Seitenwechsel allemal. Der Verbündete ist nur Mittel zum gemeinsamen Erfolg. Jeder ist dem anderen Mittel zum Zweck. Es ist diese instrumentelle Partnerschaft, die den Machtprozeß in Bewegung hält.

Koalitionen beruhen auf gemeinsamen Interessen, nicht auf der Gemeinsamkeit der Interessen. Niemals versteht sich die Gemeinsamkeit von selbst. Im Gegenteil: Was wichtig sein soll, ergibt sich aus fortwährenden Annäherungen und Abstoßungen, Angeboten und Ablehnungen. Die Kompromisse, die dabei erzielt werden, blenden vielerlei aus, werden immer wieder umgedeutet oder verändert. Gleichwohl sind Allianzen selten reine Zweckvereine. Oft sind ihre Ziele diffus, ihre Programme undurchsichtig. Das Interesse ist vorwiegend negativ gegen andere gerichtet, positive Ziele bedürfen besonderer Arbeit und Anstrengung. So hält man sich eher an den äußeren Widerspruch als an die innere Übereinstimmung.

Bei Kompromissen treffen sich Verbündete nur selten in der Mitte. Meist sind einige Partner stärker als andere, und zwar nicht nur wegen der Trümpfe, die sie in die Allianz eingebracht haben, sondern wegen ihrer Stellung in der Machtkonstellation. Welche Verhandlungsmacht einer hat, verdankt er der Anzahl seiner Bündnisalternativen. Können ihm auch andere zu Macht und Mehrheit verhelfen, verschiebt sich das Koalitionsprogramm zwangsläufig in seine Richtung. Um Ungleichheiten auszugleichen und das Bündnis auch für Unterlegene attraktiv zu halten, verabreden die Partner oftmals Verteilungsregeln, welche die jeweiligen Anteile festlegen. Ob Erfolge und Mißerfolge formell gleich oder nach den individuellen Beiträgen verbucht werden, ist zunächst nicht entscheidend. Bedeutsamer ist die soziale Funktion dieser Regeln. Sie bestimmen, wie die Leistungen zu bewerten und die Gewinne zu verteilen sind. Und solange auch die Benachteiligten diesen Regeln zustimmen und von der Beute mehr erhalten, als sie allein jemals bekommen würden, können auch sie mit der Ungleichheit leben.

Brisanter ist anderes Problem. Eine Koalition ist keine Assoziation freier Brüder. Soll sie schlagkräftig sein, müssen die Verbündeten ihre Sonderwünsche zurückstellen. Dagegen steht das Interesse an Selbständigkeit, an Freiheit und Identität. Welchen Sinn hätte es, sich zum Zwecke der Selbsterhaltung zu vereinigen, wenn ein Koalitionsdiktat jede Freiheit kostet? Selbstbehauptung ist ein Dauerproblem, das nur durch Distanz, Arbeitsteilung und Toleranz zu lösen ist. Auch in Allianzen ist die Bewertung der Arbeit der Probierstein für die Freiheit in der Solidarität.

Zusammengehörigkeit verlangt gemeinsame Zeit. Sieht man vom spontanen Zusammenspiel in einer sozialen Episode ab, so tendieren Koalitionen von sich aus zu sozialer Dauer. Man kann nur mit jemandem rechnen, wenn man sich über die aktuelle Situation hinaus aufeinander verlassen kann, wenn die Gemeinsamkeit die Gegenwart überdauert. Manchmal beruhen Allianzen auf einer gemeinsamen Vergangenheit, doch Treue ist zuerst eine Frage der Zukunft. Spielzüge aufeinander abzustimmen, setzt ein beständiges Verhältnis voraus. Ist die Beziehung jedoch etabliert, kann sie auch einzelne Soloaufführungen, Seitensprünge oder Koketterien verkraften.

Wie verläßlich die Gemeinsamkeit letztlich ist, zeigt sich freilich erst im Angesicht der fremden Macht, in der direkten Konfrontation. Zusammengehörigkeit drängt hier nicht auf beständiges Zusammenkommen und Zusammensein, sondern auf den praktischen Beweis im Konflikt. Gewiß brauchen Koalitionen ab und zu eine rituelle Bestätigung der Eintracht. Doch die Probe aufs Exempel ist die Auseinandersetzung. Sie fordert Einmütigkeit, Standfestigkeit und Beharrlichkeit. Einverständnis während der Planung kann purer Selbstbetrug sein; ob das Bündnis trägt, zeigt sich erst im Ernstfall.

Instrumentelle Freundschaft kommt auf Dauer ohne Organisation kaum aus. Je größer die beteiligten Parteien und je umfassender das Bündnis, desto dringlicher der institutionelle Unterbau, der

Koalitionsapparat. Hierzu entwickeln die Partner eigene Verfahren. Abstimmungsregeln sorgen für die nötigen Entscheidungen, Konsultationsregeln verteilen Wissen und Information, Arbeitsprogramme ordnen die Aufgaben und Zuständigkeiten, Fraktionsverbote unterbinden Abweichungen und Verrat. Man teilt die Arbeit, richtet Gremien ein, trifft sich regelmäßig zur Strategiedebatte und beauftragt kundige Sprecher mit dem politischen Theater. Koalitionen sind häufig Keimzellen sozialer Organisation. Der Apparat lenkt die Aufmerksamkeit nach innen und avanciert zum Brennpunkt der Aktivitäten. Nach und nach gelingt es dem Verwaltungsstab, sich abzuschotten und die Umwelt zu neutralisieren. So ergeht es der Allianz wie vielen trägen Organisationen. Ging es anfangs um strategische Vorteile gegen Dritte, so diktiert nun der Apparat das Hauptziel der Koalition: die Erhaltung ihrer selbst.

Als Sozialtypus rangiert die Koalition zwischen der Gruppe und der formalen Organisation. Mit der Gruppe teilt sie das Prinzip der Partnerschaft, mit der Organisation eine gewisse Austauschbarkeit der Personen. Von der Gruppe trennt sie der Vorrang der strategischen Außenorientierung und die Instrumentalität der sozialen Beziehungen. Von der Organisation unterscheidet sie sich durch die hohe Labilität und die lockere Verknüpfung der Elemente. Bündnisarbeit untersteht den Erfordernissen des politischen Kampfes. Dem klassischen Problem der sozialen Ordnung gibt die Koalition eine spezifische Färbung. Bündnisse vertragen Ungleichheiten, sofern nur jeder Beteiligte am Ende mehr erhält, als er individuell jemals bekäme. Sie verlangen Disziplin und erlegen den Beteiligten Freiheitsbeschränkungen auf. Sie fordern von ihren Mitgliedern Verläßlichkeit und Treue, ohne indes auf brüderliche Selbstaufgabe oder innige Gemeinschaftsgefühle zu pochen. Ihre Struktur ist höchst geschmeidig und elastisch, offen und beweglich. Vielleicht ist dies der Grund, weshalb so viele

Koalitionen die soziale Welt bevölkern und so vielfältige Gestalten annehmen können.

Ressourcen, Präferenzen, Offerten

Was führt Menschen unter das Dach einer Allianz? Selten handeln Koalitionen in völlig durchsichtigen Situationen. Wo es um Sieg und Niederlage, um Macht und Widerstand geht, ist jede Partei darauf aus, daß nicht alles publik wird. Oft wissen Partner und Gegner nicht, welche Trümpfe jeder letztlich hat, welche Ziele er wirklich verfolgt und worin überhaupt der Sieg besteht. Dennoch scheinen manche Bündnisse zielstrebig Überlegenheit anzustreben und gleichzeitig jeden überflüssigen Nutznießer ausschalten zu wollen. Für die Maximierung ihrer Dominanz und ihrer Gewinne wollen sie so wenige Mittel wie möglich aufwenden. Doch dieser Kalkül setzt voraus, daß Gewinne eindeutig zu messen sind, sei es an Punkten, Stimmen, Posten oder Ämtern. Davon kann häufig keine Rede sein. Manchmal wissen die Alliierten nicht einmal, was sie selbst alles einsetzen können. Mangels Klarheit setzen sie gar nicht auf Sieg um jeden Preis. Zusammengehörigkeit kann sich auch aus gemeinsamer Aversion ergeben, aus sozialer Nachbarschaft oder wegen einer aktuellen Notlage. Ist die Angst groß, sammelt man alle Trümpfe, die sich auftreiben lassen, und gründet ein gigantisches Sicherheitsbündnis. Will man einer erdrückenden Übermacht standhalten, klammert man sich verzweifelt an eine Minderheitskoalition. Und manchmal verzichten die Partner sogar ganz auf einen Vorteil, weil sie ihre Gewohnheiten, ihre ideologische Einheit oder Reinheit bewahren wollen. Die Abwägung der Ressourcen ist daher nur ein Aspekt, der Menschen und Gruppen zusammenbringt, und nicht selten liegt dieser Aspekt ganz außerhalb des Blickfelds.

Wer zueinander findet, scheint daher eher eine Frage erfolgreicher Verhandlungen zu sein. Koalitionen werden gegründet und beschlossen, so sagt man, nach einem längeren Austausch von Offerten und Drohungen. Während der Partnerwahl wird über die Gewinnauszahlung debattiert, man wägt Alternativen ab oder stellt, falls sich der andere sträubt, die dürftigen Angebote des Dritten heraus. Am Ende einigt man sich auf einen Kompromiß, der niemanden in Versuchung führt, den Pakt zu verlassen. Man beschränkt die Zahl der Teilnehmer und Nutznießer aufs notwendige Minimum und verteilt nach dem Sieg die Beute so, daß die schwächeren Partner nicht ganz leer ausgehen. Die Verhandlungen drehen sich weniger um eine Sache als um Sieg und Beute. Die strategische Option überformt die Zusammenarbeit. Das einzige Ziel sind Macht und Majorität.

Aber Koalitionen sind – wie andere Formen des gesellschaftlichen Mit-, Gegen- oder Füreinander – selten das Resultat von Verträgen. Gesellschaft wird nicht vor dem Notar per Kontrakt geschlossen, Politik findet nicht vor Gericht statt. Die allermeisten Umstände stehen nicht zur Disposition. Weder lassen sich die Gewinne beliebig zerteilen, noch führt sozialer Austausch zu sicheren Bündnissen. Nicht selten preßt sozialer Druck die Partner zusammen, zwingen auferlegte Abhängigkeiten zur Gemeinsamkeit. Alte Bindungen, Zeitdruck oder öffentliche Selbstverpflichtungen zeichnen einen Zusammenschluß vor, den die Partner oft nur noch auszuführen haben. Das Modell der freien Partnerwahl ist ein Mythos. Soziale und politische Strukturen schränken die Alternativen von vornherein ein, und sie legen fest, wer sich mit wem überhaupt zusammentun kann.

Wenn es nicht die Ressourcen und Offerten sind, die Menschen zueinander führen, wie verhält es sich mit ihren Neigungen, Vorlieben, Präferenzen? Nicht Beutestücke, Ämter oder Überlegenheit scheinen Allianzen zusammenzuhalten, sondern ähnliche Meinungen, Überzeugungen, Weltbilder, Ideologien. Sind es nicht immer die Nachbarn in einem sozialen Feld, die sich am Ende verbünden? Die Randpunkte sollen möglichst eng beieinander liegen, damit die Allianz alle umfaßt, die sich innerhalb der Präferenzzone bewegen. Koalitionen tendieren manchmal zu kompakten Einheiten, zu homogenen Interessenverbänden. Jeder bemüht sich, ins Zentrum der Politik zu gelangen. Je kleiner nämlich der Abstand zwischen den Flügelleuten, desto größer die Wahrscheinlichkeit, daß das Programm mit den Absichten aller übereinstimmt. Die Grenzen der Allianz fallen zusammen mit der Verträglichkeit der Überzeugungen; der Zusammenhalt verdankt sich kollektiven Vorstellungen und Werten. Denn je enger die Wahlverwandtschaft, desto schwieriger der Partnerwechsel.

Doch so eindeutig ist die Skala der Optionen, Vorlieben und Positionen keineswegs. Wer weiß schon, wo er selbst und wo die anderen stehen und wie lange jener an das glaubt, woran er heute zu glauben vorgibt? Allerweltsparteien operieren mit hochdiffusen und flexiblen Vorstellungen, um sich am Koalitionsspiel überhaupt beteiligen zu können. Nur wenige Parteien sind ideologisch geschlossene Kaderverbände. Interne Fraktionen streben in vielerlei Richtungen, und manche Flügelleute stehen der Nachbarpartei näher als den eigenen Zentristen. Ähnlichkeit ist keine notwendige Bedingung für den Zusammenschluß einer Allianz. Es gibt große Koalitionen, in denen sich bei Zwangs- oder Notlagen frühere Erzfeinde zusammenbinden, es gibt spontane Allianzen von Widersachern, die sich zu einem einzigen Thema vereinigen, und es gibt antagonistische Bündnisse, die trotz extremer Gegensätze eine Zeitlang gemeinsame Sache machen, so lange zumindest, wie sich die Beteiligten gegenseitig überhaupt ertragen.

II. Formen der Koalition

Weder die Verteilung der Macht, der Verhandlungsverlauf noch die soziale Entfernung eignen sich für eine Unterscheidung von Koalitionstypen. Spätere Erfolge sagen nichts über die Struktur, der Umfang des sozialen Kreises gibt keinen Aufschluß über den Modus der Partnerschaft. Nachbarschaft und Präferenzen spielen bei vielen Allianzen kaum eine Rolle. So liegt es nahe, Bündnisse nach ihrem Strukturprinzip zu unterscheiden, nach dem Grad der sozialen Gemeinsamkeit.

Stimmung und Spontaneität

Serielle Bündnisse werden lediglich von einer akuten gemeinsamen Stimmungslage zusammengehalten. Ohne zusammen zu arbeiten oder zu kämpfen, fühlt man sich einig. Man steht zwar auf derselben Seite, aber der Partner ist nur ein Nebenmann in der Reihe. Wer sich in einer Warteschlange vordrängelt, stößt unweigerlich auf abweisende Blicke der Wartenden, auf ganz unkoordinierte, aber parallele Signale offener Mißbilligung. In Firmen, Behörden, Schulen oder Krankenhäusern treffen Reformen oder Innovationen häufig auf eine diffuse Ablehnungsfront, die lediglich von einer Stimmung der Abwehr zusammengehalten wird. Belegschaften sind sich einig in der Aversion gegen die Chefs, auch wenn man in der tagtäglichen Arbeit gar nichts miteinander zu tun hat und sich nur vom Sehen in der Kantine kennt. Die serielle Allianz wird stets von außen konstituiert, durch einen fremden Dritten. Er ist es, der zur Parallelaktion provoziert. Ihre Grundlage ist eine Struktur des Nebeneinander, ihre Zeitskala reicht vom flüchtigen Zusammenspiel bis zu einer langlebigen Grundhaltung. Im Konfliktfall errichtet sich rasch eine Frontlinie, die sogleich wieder verschwindet, wenn der Angriff gescheitert und der Gegensatz erledigt ist.

Serielle Koalitionen addieren parallele Handlungen, Spontanbündnisse hingegen zeigen bereits erste Ansätze einer wechselseitigen Orientierung. Nacheinander schlagen die Verbündeten in dieselbe Kerbe. Einer imitiert den anderen, ergänzt und unterstützt ihn in Mimik und Gestik, springt für ihn sogar in die Bresche. All dies geschieht unvorbereitet, ohne vorherige Abstimmung, Verhandlung oder Planung. Spontane Allianzen sind soziale Episoden, geboren aus der aktuellen Situation, mit deren Ende sie meist wieder vergehen. Das Tempo solcher Verbindungen ist manchmal geradezu atemberaubend. In Diskussionsrunden, Konferenzen oder Talkshows währen einige Allianzen oft nur wenige Sekunden, so daß die Beteiligten nicht einmal bemerken, wie sie sich in der Zwischenzeit vereinigt und wieder getrennt haben. Es ist, als verliefen solche Koalitionen hinter dem Rücken der Menschen, als seien diese nur Marionetten eines bewußtlosen Wortspiels.

Spontane Allianzen zeigen oft ungeplante, aber gleichsinnige Aktivitäten. Man agiert in dieselbe Richtung, reagiert auf dasselbe Vorkommnis, auch wenn die Absichten sonst auseinanderstreben. In einer Gebärde finden die Partner zusammen, für den Augenblick der Empörung sind sie eins. Ihre Einheit liegt im Ausdruck selbst. Der Gegner ist der Zielpunkt ihres Handelns, auf ihn reden sie ein, lauter und lauter, bis jener verstummt ist. Da man keine gemeinsame Strategie verabredet hat, überschneiden und überkreuzen sich die Bewegungen. Im Eifer des Gefechts übertönt einer den anderen, fällt ihm ins Wort oder kommt ihm zuvor.

Manchmal finden sich in solchen Bündnissen auch erste Ansätze von Arbeitsteilung. Einer übernimmt den Angriff, der andere schaltet frühzeitig auf Sachlichkeit um. Bleibt dem einen das Wort im Halse stecken, springt rasch der andere ein. Solche blitzartigen Abstimmungen verlangen allerdings, daß man nebenbei notiert, was der Partner gerade tut, ob er Hilfe benötigt, Bestätigung braucht oder vorausgeeilt ist. Trotz dieser Gemeinsamkeit zerbricht das Bündnis in dem Moment, da der Gegner geschlagen ist oder aber gewonnen hat. Die Unterschiede treten wieder hervor. Das Bündnis wird zum historischen Intermezzo, auf das man vielleicht noch einmal zurückkommen kann. Obwohl längst jeder seiner Wege geht, wissen die Beteiligten, daß sie im Falle eines Falles erneut gemeinsam marschieren könnten.

Kurzlebige Koalitionen werden durch Anlässe ausgelöst. Nicht Pläne oder Kalküle, sondern Widerfahrnisse bringen sie hervor. Auf einen Brennpunkt laufen die Handlungen zu. Er stiftet die soziale Einheit. Doch so vergänglich die Anlässe, so zerbrechlich sind auch die Koalitionen. Verschwindet das Ereignis, vergeht auch die Allianz. Ist die Gefahr gebannt oder hat der Gegner die Oberhand gewonnen, ist der Zusammenhalt dahin. Der Zusammenschluß kann höchst intensiv sein und alle Kräfte vereinen, aber er beruht allein auf der externen Gegnerschaft. Das Koalitionsprogramm enthält nur einen einzigen Punkt. Ist der Übergriff abgewehrt oder der Streit in Gelächter ersäuft, hat sich das Themenreservoir bereits erschöpft.

Feindespakt und Probebündnis

Antagonistische Allianzen überstehen meist eine Reihe von Situationen. Wer sich mit seinem alten Erzfeind zusammentut, um einer Übermacht zu widerstehen oder einen dreisten Emporkömmling abzuwehren, der weiß, daß er über den eigenen Schatten springt und seinen neuen Partner im Auge behalten muß. Das

Bündnis will wohlüberlegt sein, die alte Feindschaft schärft den Sinn für Chancen, Risiken und Kosten. Der zeitweilige Zusammenschluß markiert eine Zäsur in der Geschichte. Die Notlage drängt den Streithähnen die Zusammenarbeit auf. Aber eine gewisse Dauer erlangt diese Koalition, weil gemeinsame Arbeit alte Feindseligkeiten mildert und versachlicht. Niemand springt nur für einen Moment über seinen Schatten.

Schutz- und Trutzbünde versammeln manchmal auch Parteien, die einander spinnefeind sind oder sich ideologisch völlig fern stehen. Nach der Schlacht tritt man wieder in die frühere Position zurück und befehdet einander wie zuvor. Antagonistische Koalitionen bauen nicht auf soziale Ähnlichkeiten. Ihr Interesse beschränkt sich oft aufs defensive Minimum, auf die nackte Selbsterhaltung, auf die Wahrung des gewohnten Kräftegleichgewichts, auf eine seltene Siegeschance. Bisweilen wollen sie auch Dritte niederhalten, um ihre eigene Rivalität bewahren zu können. Trotz aller Konkurrenz schließen sich Privatfirmen zu Industrieverbänden zusammen, um gegen jene Kräfte anzugehen, welche die freie Konkurrenz beseitigen wollen. Besonders paradox erscheint folgende Konstellation: Man tut sich zusammen, weil man sich bis aufs Messer zu bekämpfen pflegt. Eine parteiinterne Opposition, welche die eigene Regierung des Verrats bezichtigt, ihr also vorwirft, sich längst auf die Feindesseite geschlagen zu haben, macht gerade mit diesem Feind gemeinsame Sache, um die Identität der Partei zu verteidigen und die eigene Regierung zu stürzen. Bitterste Feindschaft verhindert nicht nur nicht die Bildung einer Koalition. In manchen Fällen ist es die Feindschaft selbst, welche die Allianz ins Leben ruft.

Das Ende antagonistischer Allianzen ist absehbar. Die Sprengsätze sind nur zeitweilig entschärft und ins Arsenal verbannt. Um frühzeitig die Tragfähigkeit einer Allianz abzuklären, können sich die Partner mit einer Probekoalition behelfen. Dies sind Verabredungen auf Widerruf, explorative Partnerschaften, Allianzen vor der Allianz. Sie bestehen meistens aus persönlichen Kontakten, die von allen Beteiligten mit großer Diskretion behandelt werden. Nicht aktuelle Zwangslagen führen die Akteure zueinander, sondern gemeinsame Vorsicht. Man verabredet sich insgeheim, klopft die Einheit fest und geht erst an die Öffentlichkeit, wenn die ersten Tests erfolgreich absolviert sind. Dabei drehen sich die Verhandlungsrunden keineswegs nur um Macht-, sondern auch um Sachfragen. Man versucht, Absprachen zu treffen, Programme vorzuformulieren, weitere Partner anzuwerben oder skeptische Opponenten vom Wert der Koalition zu überzeugen. Man definiert Essentials und erprobt den Zusammenhalt an kritischen Themen, man tauscht Vetorechte aus, vertagt offene Probleme und löst strittige Personalfragen durch die Zusage persönlicher Vorteile.

Probebündnisse lassen den Rückzug offen. Sie eignen sich zur allmählichen Annäherung, zur Sondierung in prekären Konstellationen. Wer unumstößliche Programme scheut, wer auf grundsätzlichen Unterschieden beharrt oder mit erheblichen Widerständen in den eigenen Reihen rechnet, der tastet sich vorsichtig an den künftigen Partner heran, hält versuchsweise bei Entscheidungen still oder schließt ein vorläufiges Tolerierungsabkommen. Damit sorgt man dafür, daß der Rivale nicht zum Zuge kommt. Gefährdet sind Koalitionen auf Widerruf indes nicht nur durch die innere Opposition, sondern auch durch die gegenseitige Zurückhaltung. Jeder läßt sich eine Hintertür offen. Ist der andere nicht ein unsicherer Kantonist? Bisweilen genügt ein Mißverständnis, eine törichte Bemerkung oder ein vorwitziger Profilierungsversuch, um der Koalition den Garaus zu machen, bevor sie recht begonnen hat.

Zweckbündnis und Verteidigungspakt

Nimmt der äußere Konflikt ab und weicht die Gegenseite zurück, steigt der Bedarf nach sachlichem Zusammenklang, nach einem Arbeitskonsens. Programmatische Übereinstimmung im Innern ist ein funktionales Äquivalent für äußere Gegnerschaft. Nicht umsonst haben Koalitionen, deren Themenreservoir zur Neige geht, jedes Interesse daran, den Streit erneut anzufachen und den Kontrahenten nicht völlig zu schwächen. Einen Ausweg bietet hier der Abschluß eines Zweckbündnisses. Es gewinnt seinen Zusammenhalt durch eine gewisse Übereinstimmung in der Sache. Zweckbündnisse sind Allianzen auf Zeit, verkoppelt durch ein gemeinsames Programm oder einen strategischen Plan.

Von außen kann der Beobachter jedem sozialen System irgendeinen Zweck zusprechen. In Zweckbündnissen kalkulieren jedoch die Partner jedoch selbst ihre Verbindung in Begriffen von Kosten und Nutzen. Die Allianz ist ihnen lediglich ein Instrument, das seinen Wert sofort verliert, wenn es seinen Zweck verfehlt oder sich als wertlos herausstellt. Diese nüchterne Zusammengehörigkeit verträgt weder ideologische Überhitzung noch überzogene Ansprüche an Gemeinschaft. Man arbeitet zusammen, weil man so weiter kommt als allein, und man arbeitet mit dem zusammen, der einem nützlich ist. Nicht nur das Bündnis, auch der Verbündete ist Mittel zum Zweck. Diese wechselseitige Instrumentalisierung schließt individuelle Selbständigkeit keineswegs aus. Gerade die Sachlichkeit der Zweckverbindung gibt Raum für Debatten um strategische Alternativen, ja, sie gestattet durchaus eigensinnige Ideen, soweit sie nur zum gemeinsamen Vorteil sind. Nur wenn einer Alleingänge startet und den Partner auszubeuten beginnt, wird das Band überstrapaziert. Zweckbündnisse scheitern meist daran, daß einer den anderen benutzt, ohne daß umgekehrt der andere den einen benutzen kann.

Zweckbündnisse wollen in überschaubarer Zukunft etwas erreichen. Dafür gehen sie in die Offensive und steigern ihre Aktivitäten. Ganz anders ist es bei einem prophylaktischen Defensivbündnis. Es zielt nicht auf neue Vorteile, sondern auf die Verhinderung neuer Nachteile. Sie will Konflikten aus dem Wege gehen, um weitere Niederlagen zu vermeiden. Während Zweckbündnisse Engagement und Zielstrebigkeit verlangen, ist für die Verteidigung des Status quo oft nur ein Mindestmaß an Aufwand nötig. Etwas durchzusetzen verbraucht mehr Kraft als etwas auszusitzen. Defensive Koalitionen sind preiswert in ihrem Ressourcenbedarf, ein Umstand, den sich auch Mindermächtige zunutze machen, wenn sie sich zu langfristigen Verliererbündnissen zusammentun. Sie teilen die Kosten der Unterlegenheit untereinander auf und suchen die Gegenseite von Übergriffen abzuhalten. Nicht Not und Streit stiften hier die Zusammengehörigkeit, sondern präventive Angst. Rechtzeitig will man die Bataillone versammelt haben, obwohl weit und breit kein Schlachtruf zu hören ist. Um sich selbst zu erhalten, benötigen solche Bündnisse daher ab und zu eine ungefährliche, berechenbare Auseinandersetzung, welche die Angst bestätigt und das Gefühl stärkt, nicht grundlos beisammen zu sein.

Dauerallianz und Gewohnheitsbündnis

Dauerbündnisse kommen ohne Organisation kaum aus. Ziele müssen bestimmt, Manöver abgesprochen, Einsätze koordiniert werden. Organisation ist eine zentrale Machtressource im Konflikt. Sie verknüpft die verstreuten Potentiale der Partner zu kompakter Schlagkraft. Organisierte Bündnisse installieren einen Apparat, der die Zusammengehörigkeit an verbindliche Arbeitsregeln bindet. Die Alliierten teilen die Aufgaben untereinander auf, betrauen ihre Fachleute mit Sonderaufträgen und bevollmächtigen zentrale Ausschüsse mit der Steuerung der Koalitionspolitik. Dies reduziert nicht nur die Vielfalt der Ziele, sondern vermindert auch innere Spannungen. Jeder erhält sein Ressort, in das ihm niemand hineinzureden hat. Andererseits verlangt die Arbeitsteilung bekanntlich nach Kontrolle. Damit die Spezialgebiete nicht auseinanderdriften, setzt man auf höherer Ebene regelmäßige Koalitionsrunden an. Und damit keiner eine eigensinnige Sonderpolitik betreibt, wählt die Allianz aus ihrer Mitte ein Team oder einen Steuermann, der die Einhaltung des Bündnisprogramms überwacht.

In der Organisation erreicht die Allianz Dauergeltung. Der Apparat tritt den Verbündeten mit eigenen Ansprüchen entgegen. Das Bündnis erscheint als objektives, eigenmächtiges Gebilde. Je größer die Bürokratie, desto objektiver wirkt die Koalition. Damit befreit sie sich mehr und mehr von aktuellen Anlässen. Ist ihr Zweck erfüllt, das Programm in die Tat umgesetzt, sucht der Apparat sogleich nach weiteren Aufgaben und Gemeinsamkeiten. Selbst wenn der Themenvorrat ausgeschöpft ist, läuft der Betrieb oftmals so lange weiter, bis ein neuer Partner gefunden ist, der dem Apparat neue Arbeit verschafft. Das Gehäuse der Koalition sorgt für Kontinuität und stellt sich ihrer Auflösung entgegen. Ihre Identität liegt nämlich jetzt nicht mehr im gemeinsamen Ziel, sondern im Interesse des Apparates an sich selbst. Ohne Identitätsverlust kann man weitermachen, obwohl die Ziele längst ausgegangen sind. In der Organisation verschafft sich die Koalition selbst die Arbeit, die sie am Leben erhält.

Organisierte Allianzen überdauern den aktuellen Zweck. Der Streit testet nur die Leistungsfähigkeit des Apparates und die Verläßlichkeit des Zusammenhalts. Dennoch können die Regeln verändert oder umgeworfen, die Organisation aufgelöst werden. Trotz ihrer Trägheit erlangen organisierte Koalitionen daher niemals die innere Zusammenhalt habitueller Bündnisse. Diese beruhen nämlich nicht auf vorgegebenen Regeln, sondern auf eingefahrenen Regelmäßigkeiten, auf fraglosen Gewohnheiten. Man hält zusammen, weil man immer schon zusammengehalten hat. Verhandlungen und Verträge, Eid und Schwur, welche die Gemeinsamkeit herausstellen würden, sind schlichtweg überflüssig. Ein Wechsel zur Gegenseite ist undenkbar, der Abstand erscheint schier unüberbrückbar. Ohne unmittelbaren Anlaß fühlt man sich einig, aufgrund langjähriger Erfahrung, gleicher Stellung oder Lebensweise.

Das Fundament von Gewohnheitsallianzen ist nicht der Machtkalkül, sondern der Alltag einer Lebensform. Man ist Partner, weil man auch sonst Genosse ist, ob es etwas einbringt oder nicht. Solche Bündnisse sperren sich gegen die Berechnung von Sieg und Niederlage, sie operieren jenseits des Nutzenkalküls. Ihr Zusammenhalt entspringt keinem Aktionsplan, sondern der gegenseitigen Nachahmung. Ihr erstes Machtmittel ist die Macht der Gewohnheit. Sie garantiert Verläßlichkeit, Gleichsinnigkeit, Eintracht. Als Trumpf im Machtspiel ist dies keinesfalls zu unterschätzen. Übergriffe, Eroberungen oder Neuerungen, die althergebrachte Gewohnheiten antasten, enden an der Mauer der kollektiven Trägheit. Und ist das Widerstreben sogar selbst zur Gewohnheit geworden, ist dieses Bündnis nur mit hohem Aufwand zu zerschlagen.

Die Skala der strategischen Partnerschaft reicht von der gemeinsamen Stimmungslage der seriellen Koalition über die Rationalität des Zweckbündnisses bis zu den Gewohnheiten eines Trutzbündnisses. Soziale Zusammengehörigkeit kann mithin vielerlei Gestalten annehmen: Sie kann in einem einmaligen Gefühlsausbruch zutage treten, in der Notgemeinschaft unversöhnlicher Gegner, in einer diskreten Proballianz oder in dem geregelten Betrieb eines Bündnisapparats. Zur selben Zeit können sich in einem Machtfeld diverse Koalitionen gegenüberstehen. Während eine Seite noch damit beschäftigt ist, ihr Zweckbündnis auszuhandeln, bildet die Gegenseite längst einen kompakten Angriffspakt. Während die eine Seite noch ihren Apparat aufbaut, findet sich ein serielles Kollektiv zu ersten spontanen Aktionen zusammen. Und während das eine Lager eisern seine gewohnten Privilegien verteidigt, schließen sich alte Erzfeinde zusammen, um das alte Regime endlich beiseite zu räumen. Machtprozesse sind häufig nichts anderes als fließende Übergänge von einer Koalitionsform zur anderen, Verschiebungen zwischen aufsteigenden und absinkenden Bündnissen. Denn Koalitionen sind selbst soziale Prozesse, die von den Menschen in Gang gesetzt, erhalten, blockiert, abgebrochen, beendet werden.

III. Koalitionsbildung

Um eine Koalition zu gründen, braucht man anscheinend nur ein paar wohlüberlegte Entscheidungen zu treffen. Zuerst beschließt man, ob man abwarten oder auf Partnersuche gehen will, dann vergleicht man die Angebote, gibt ein paar Versprechen ab und unterzeichnet schließlich den Vertrag. Jeder Schritt wird begleitet von Lagebeurteilungen und Zuschreibungen. Großzügige Offerten zeigen, wieviel einem der andere wert ist, Ablehnungen schrauben den Beitrittspreis in die Höhe. Was für den einen dringlich ist, ist für den anderen eine Bagatelle. Was sich der eine als Zugeständnis abringt, ist für den anderen nichts als eine Zumutung. Ob der Pakt letztlich besiegelt wird, entscheidet sich, so scheint es, im Prozeß der Annäherung, Abstoßung und Bewertung.

Entschlüsse setzen Fakten für die Zukunft. Aber nicht alle Koalitionen gründen auf dem Wechselspiel von Angebot und Nachfrage. Vielfach schlittern die Menschen in Allianzen hinein, ohne überhaupt einen Beschluß zu treffen. Denn wie sich die Partner Gelegenheiten schaffen, um zueinander zu kommen, so suchen Gelegenheiten sich auch die Partner, die zueinander finden können. Häufig entstehen Koalitionen in Situationen, in denen gar nichts mehr zu verhandeln ist. Das Machtfeld ist abgesteckt, die Trümpfe sind verteilt, die Kontaktlinien gezogen, die Regeln installiert. Soziale Strukturen steuern das Handeln. Die Manöver stellen keineswegs alles zur Disposition. Bündnisse entstehen in einer Situation und arbeiten zugleich gegen sie.

Kontaktlinien und Kanalarbeit

Zahlreiche Allianzen scheitern bereits an fehlenden Verbindungsleitungen. Die Menschen kennen einander nur von Ferne, die Abstände sind kaum zu überbrücken, die Grenzen nicht zu überschreiten. Daß Übereinstimmung dennoch möglich wäre, liegt jenseits der Vorstellung. Nur Vermittler und Grenzgänger, die zwischen den Revieren hin- und her pendeln, bemerken die Konsenschancen. Nicht weil man zerstritten ist, geht man aneinander vorbei, sondern weil die Kanäle fehlen, über die man zueinander finden könnte.

Kontaktlinien stiften gegenseitige Erreichbarkeit. Wo keine Kanäle eingerichtet sind, kann man andere nicht benachrichtigen, geschweige denn Signale des Interesses senden, Angebote unterbreiten oder Allianzen verabreden. Entscheidend sind dabei nicht die direkten Anschlüsse. Kontakte können ebenso indirekt über Mittelsmänner zustande kommen, über Boten, Gesandte oder Makler. Daß jeder mit jedem reden, jeder gegen jeden streiten, jeder sich mit jedem verbünden könnte, ist ohnehin die Ausnahme. Erst wenn der letzte Draht abgerissen ist, herrscht beziehungslose Fremdheit. Wo Begegnungen dagegen alltäglich sind, lassen sich im Streitfall auch Optionen austauschen. Hier schließen Allianzen unmittelbar an bewährte Verbindungen an.

In Institutionen besteht meist ein Netz offizieller Kanäle. Über die Dienstwege der Hierarchie und die informellen Drähte werden Anweisungen und Störmeldungen gesendet. Horizontale Linien dienen der Abstimmung zwischen Abteilungen und Arbeitsgruppen. Über den Dienstweg werden Entscheidungen vorbereitet und autorisiert, Einwände zu Protokoll gegeben oder Zwischenbescheide vermerkt. Solche Kanäle sind durch Vorschriften abgesichert. Man muß sie benutzen, um offizielle Entschlüsse überhaupt zustande zu bringen. Außerdem erleichtern diese Kanäle die Kontrolle. Wo eine Akte geblieben ist, wo eine Entscheidung festhängt, dies läßt sich unschwer feststellen, solange nur der Dienstweg eingehalten worden ist. Die Transparenz der

Kanäle sichert die geordnete Abwicklung der Geschäfte. Für heikle Absprachen eignen sie sich jedoch kaum. Schriftlichkeit reißt auch die Sperren der Vertraulichkeit ein. Was nicht für aller Augen und Ohren bestimmt ist, muß daher aus dem offiziellen Kanal herausgehalten werden.

Kaum weniger wichtig ist der Ignoranzkanal. Er schützt die soziale Ordnung, indem er alles aufnimmt, was nicht zur Sache gehört. Er sammelt alles auf, was in den Papierkorb wandern soll. Unwichtige Fehler, Mißverständnisse und Versäumnisse, tolerable Störfälle und persönliche Eigenheiten, all dies wird gemeinsam abgefiltert und in den Ignoranzbereich abgeleitet. Der offizielle Kanal leitet weiter, was Aufmerksamkeit verdient, der Ignoranzkanal all das, was Unaufmerksamkeit fordert.

Die Filter zwischen beiden Kanälen sind keineswegs undurchlässig. Irrelevantes kann plötzlich höchste Bedeutung erlangen, Nebensächlichkeiten können unversehens zur Hauptsache werden. Der Filter wird durchlöchert, der Zeichenstrom zurückgeleitet. Verdrängter Ärger schwappt plötzlich hoch und überschwemmt das Verhältnis, eine Zeitbombe explodiert und wird zum Brennpunkt der Auseinandersetzung. Man redet nun offen, worüber man bislang tunlichst geschwiegen hat, schiebt Verantwortung hin und her oder bemerkt plötzlich ungeahnte Gemeinsamkeiten. Wer Streitigkeiten verhindern will, schiebt sie in den Ignoranzkanal. Wer seiner lange erduldeten Benachteiligung überdrüssig ist, bringt sie offen zur Sprache. Und wer auf Gemeinsamkeiten aus ist, weist darauf hin, wie sehr man sich bislang darin einig gewesen ist, gewisse Dinge zu übersehen. Wie Menschen durch offizielle Kanäle verknüpft sind, so sind sie auch durch das verbunden, was sie zusammen nicht wahrnehmen oder nicht wahrhaben wollen.

Allianzen benötigen beide Kanäle. Um Gemeinsamkeiten zu sondieren, bespricht man zunächst nur, wofür man Konsens erwartet. Heikle Punkte werden erst einmal abgeblendet. Danach öffnet man langsam den Filter und stellt sich nach und nach den offenen Fragen. Koalitionsmanöver beginnen mit der Betonung von Konsens, nicht von Dissens. Der strategische Blick nach außen erträgt manche Streitpunkte im Innern. Bündnisse benötigen oftmals keine umfassende 'Übereinstimmung, ihnen genügt ein schmaler Konsens. Der Rest wird in Rechnung gestellt und abgefiltert. Kanalarbeit heißt daher zuerst: Gewichtung und Sortierung von Verträglichkeiten, Abdrängen von Dissens, Konzentration aufs Gemeinsame. So nutzen die Partner den Ignoranzkanal, um sich ihrer Verbindung zu versichern.

Eine andere Aufgabe hat der Beziehungskanal. Er übermittelt jene Zeichen, mit denen die Menschen ihr soziales Verhältnis organisieren. Man gibt zu verstehen, für wen man den anderen hält, was man von ihm erwartet und welchen Status man ihm zubilligt. Man zeigt, welchen Umgangsstil man pflegen möchte, wie man sich und den anderen einschätzt. Über den Beziehungskanal werden persönliche Zuschreibungen gesendet, Zeichen der Anerkennung oder Ablehnung, der Nähe, Distanz, des Vertrauens. All dies geschieht meist nebenbei, parallel zur Sache.

Ohne Beziehungskanäle gäbe es kein Vertrauen, keine Gefühle der Gemeinsamkeit und keine Verteilung der Rollen. Selbst das strikt sachliche Zweckbündnis, das jede Sentimentalität scheut, kommt ohne Zeichen gegenseitiger Wertschätzung nicht ganz aus. Es gibt sogar Bündnisse, die hauptsächlich auf diesem Kanal beruhen. Ein Gewohnheitspakt, der überhaupt keine Verhandlungen führt, weiß sich einig, weil sich die Partner einander immer schon nahe fühlten, ohne jemals darüber ein Wort verloren zu haben. Wer solche Allianzen aufsprengen will, muß das Netz der Kameradschaft zerreißen.

Intrige und Geheimnis

Sollen Kontakte fremden Blicken vorenthalten werden, benötigt man einen verdeckten Kanal. Er gestattet Gespräche hinter den Kulissen. Kleine Dienstwege überspringen offizielle Positionen und eignen sich für rasche und delikate Absprachen. Tempovorteile treffen sich hier mit den Vorteilen sozialer Exklusivität. Allerdings verlangen solche Kanäle auch gewisse Sicherheiten. Sender wie Empfänger müssen darauf bauen können, daß keiner etwas preisgibt. Bevor das erste Wort zur Sache fällt, vereinbart man, das Treffen, wie immer es ausgeht, in jedem Fall vertraulich zu behandeln. Dritte dürfen weder erfahren, was geredet wurde, noch daß überhaupt etwas geredet wurde. Wirklich geheim ist nur das geheime Geheimnis. Wer weiß, daß Gespräche stattgefunden haben, kann alles daran setzen, an die Papiere zu kommen. Wer davon jedoch gar nichts weiß, schöpft auch keinen Verdacht und kommt gar nicht auf den Gedanken, daß Papiere überhaupt existieren könnten.

Das Paradigma der verdeckten Kommunikation ist die Intrige. Intrigen sind Koalitionen, von deren Existenz nur die Alliierten wissen. Heimlich spricht man sich ab, um anschließend, in der Öffentlichkeit getrennt zu marschieren. Unversehens sieht sich der Gegner zwei Fronten gegenüber, ohne zu ahnen, daß sie im Untergrund durch einen Kanal verbunden sind. Jeder Partner scheint selbständig zu handeln. Doch insgeheim ist alles exakt abgestimmt. Alles kommt hier auf Verschwiegenheit an. Nichts darf den Zusammenhang verraten. Virtuose Intriganten bringen es sogar fertig, vor aller Augen einen Streit vom Zaun zu brechen und einander zugleich augenzwinkernd zu versichern, alles sei bloß eine Aufführung fürs mißtrauische Publikum. Solche Dramaturgie der Intrige verlangt höchstes Fingerspitzengefühl und absolute Disziplin. Ein falsches Wort, eine falsche Geste, und das geheime Bündnis fliegt auf. Öffentlichkeit ist der ärgste Feind des Geheimbundes, Mißtrauen der Ruin der Intrige.

Das Geheimnis verbindet. Es verpflichtet zu Vertraulichkeit. Wer etwas verlauten läßt, diskreditiert sich als loyaler Partner. Andererseits dienen verdeckte Kanäle auch als soziales Druckmittel. Man kann den Partner gefügig halten, wenn man durchsickern läßt, andere hätten insgeheim ihr Interesse an einer Allianz bekundet. Für derlei Manöver taugen freilich nur einfache und offene Geheimnisse. Wer es sich leisten kann, seinen Partner zu verärgern, vereinbart mit Dritten ein heimliches Treffen und läßt dies lancieren. Damit versetzt man seinen Verbündeten in Panik und zwingt ihn zu Zugeständnissen. So sind verdeckte Kanäle nach außen Trümpfe im inneren Koalitionsspiel.

Auf Dauer ist dieses Verfahren jedoch riskant. Offizielle Vereinbarungen liegen offen zutage, Geheimbeschlüsse lassen die Partner miteinander allein. Zwar kann man sich auf dem verdeckten Kanal ohne Gesichtsverlust zurückziehen, falls die Sondierungen scheitern. Doch wenn die Koalition festgeschrieben ist, kann jeder behaupten, man habe in Wahrheit etwas ganz anderes beschlossen als das, was der Partner gerade behauptet. Ohne Zeugen ist keine Anklage beweisbar. Nicht umsonst suchen Allianzen nach den ersten Runden umgehend das Licht der Öffentlichkeit, um ihr Programm zu verkünden. Damit zeigen sie nicht nur Verbundenheit und Stärke. Vor aller Augen verpflichten sie sich gegenseitig. Wer jetzt noch die Gespräche abbricht, gerät unter Erklärungsdruck. Und wer hat schon Interesse an einem Partner, der sein Fähnlein rasch nach dem Wind zu drehen scheint? Öffentlichkeit schweißt Allianzen zusammen, das Kommuniqué kettet die Verbündeten aneinander.

Der Kanalmodus sortiert Relevanzen und Zugänglichkeiten. Er regelt, welche Botschaften gesendet werden können. Ohne verdeckten Kanal gibt es keine Intrigen. Ohne offizielle Kanäle ist kein dauerhaftes Arbeitsbündnis herzustellen. Ohne Beziehungskanäle entsteht kein Vertrauen. Daher rührt der ewige Streit zwischen Formalität und Informalität, von der keine Institution verschont bleibt. Es ist ein Streit um Bündnischancen, um die Möglichkeiten zu strategischer Zusammenarbeit. In totalen Institutionen wie Gefängnissen, Internaten oder Anstalten erlaubt das Personal meist nur offizielle Kanäle. Die Insassen dagegen meiden diese Kanäle und weichen in den Untergrund aus. Behörden dringen auf strikte Schriftlichkeit. Andere Absprachen zählen nicht. Doch die Beamten verständigen sich auch „zwischen Tür und Angel". Unsichere oder despotische Vorgesetzte, die alles in eigener Regie behalten wollen, unterbinden inoffizielle Aktionen. Und Saboteure achten darauf, daß nichts den verdeckten Kanal verläßt. Über die Kanalmodi regelt die Institution die Haupt- und Nebensachen, die legalen und illegalen Themen der Koalitionen.

Abstände, Ränder, Zentren, Netze

Eine andere Funktion hat die kommunikative Struktur. Sie bestimmt, welche Stationen eine Nachricht passieren muß und wie die Informationsmacht verteilt ist. Und sie legt die Ausgangspositionen für die Koalitionsbildung fest. In einer Linie, sei sie vertikal oder horizontal, können die Außenstellen einander nur über Zwischenstellen erreichen. Ohne Meister und Abteilungsleiter hört die Chefetage nichts von dem, was sich unter den Beschäftigten abspielt und umgekehrt. In einer Gabel verzweigt sich die

Linie an einer Stelle in zwei Richtungen. Ein Teamchef sammelt die Ergebnisse seiner Gruppe und leitet sie dann gebündelt nach oben weiter. In einem Stern sind alle Randfiguren auf die Zentralstelle verwiesen. Der Koordinator zieht alle Informationen an sich, ohne daß die anderen direkt miteinander in Verbindung treten können. Im Kreis kann jeder sich nach zwei Seiten wenden, ohne daß eine Integrationsfigur in der Mitte die Zügel in der Hand hält. Im Netz hat jeder mit jedem Kontakt.

Es liegt auf der Hand, daß Nachbarn leichter zueinander finden können als Fremde. Nachbarschaft prädestiniert zur Partnerschaft. Ohne Umwege kann man miteinander reden und sich abstimmen. Umgekehrt ist die Nachbarschaft aber auch besonders anfällig für Zank. Der ärgste Kampf tobt meist zwischen denen, die durch keinen Puffer voneinander getrennt sind. Direkte Kontakte fördern sowohl die Kooperation als auch den Konflikt. Deshalb ist es ausschlaggebend, wieviele Nachbarn man an seiner Seite hat. Je mehr Nachbarn, desto freier ist man bei der Partnerwahl, je weniger Nachbarn, desto größer die Abhängigkeit und die Verstrickung in persönliche Zwistigkeiten.

Randfiguren an der Systemgrenze haben den kleinsten Spielraum. Verläuft die Konfliktlinie direkt vor der Haustür, geraten sie zwangsläufig ins Abseits. Das einzige, was sie mit anderen verbindet, ist der Streit mit dem Vordermann. Liegt das Konfliktzentrum jedoch andernorts, kann sich die Randfigur heraushalten oder mit ihrem einzigen Nachbarn zusammengehen. Da ihr sonst keine Kanäle zur Verfügung stehen, ist sie dessen Informationspolitik jedoch auf Gedeih und Verderb ausgeliefert. Was im sozialen Feld vor sich geht, erfährt sie nur über ihn. Am Ende der Straße hört man nicht, was in der Straße geschieht.

Als Bündnispartner sind Randfiguren keineswegs unattraktiv. Das Randbündnis hat den Rücken frei. Das Hinterland fest im

Griff, kann es sich ganz auf die Frontlinie im System konzentrieren. Ein Randbündnis an der Hierarchiespitze kämpft nur nach unten, eine Basisallianz nur nach oben. Während die Speerspitze den Streit ausficht, liefern die Hinterleute Nachschub, Munition, Argumente, Motivation. Da der Mann am Rand nicht direkt eingreifen kann, ist er auch keinen Angriffen ausgesetzt, welche die Allianz spalten könnten. Bündnisse tun daher gut daran, ihre Randfiguren am Rand zu lassen. So kann man nach vorn schauen und sie damit beauftragen, den nächsten Schlag vorzubereiten.

In einer bevorzugten Lage befinden sich Zwischenfiguren. Sie haben zwei Chancen der Partnerwahl, nach rechts oder links, nach oben oder unten. Fällt eine Seite aus, bleibt die andere. Darin liegt ihr Vorteil gegenüber den Randfiguren. Hinzu kommt ihre Blockademacht. Allein oder gemeinsam können sie den Informationsfluß unterbrechen oder Nachrichten frisieren. Kein Empfänger kann kontrollieren, was der Absender wirklich gemeint hat, wenn Zwischenleute die Weitergabe steuern. In Linien-, Gabel- und Kreisstrukturen können sie die Verbindungen kappen und die Kontakte verschleppen. Ihre Informationsmacht beruht nicht auf einem Wissensmonopol, sondern auf ihrer figurativen Stellung, auf ihrer Regulierungsmacht über den Kanal.

Der Zwischenmann betätigt sich als Bote oder Vermittler. Ohne ihn würde jeder Streit verpuffen. Er kann den neutralen Emissär spielen, den Schlichter oder Richter. Er kann Schläge abfedern, den Kanal abdichten, den Kampf lahmlegen oder, falls er stark genug ist, zwischen die Streithähne treten und sie auf ihre Plätze verweisen. Nimmt der Streit jedoch überhand, bedrohen ihn Kugeln von beiden Seiten. Er gerät in die Gefahr, zwischen den Fronten zerrieben zu werden. Beide Seiten zerren an ihm, wollen ihn einfangen, ihn abwerben, zumindest aber neutralisieren. Und je mächtiger seine Nebenleute sind, desto rascher wird der Zwischenmann zum Spielball ihrer Manöver.

Zwischenleute vermitteln indirekte Konflikte, doch sie verbinden auch Alliierte. Will eine Partei jemanden auf der anderen Seite gewinnen, schickt sie die Zwischenfigur vor. Sie führt das Vorgespräch und bringt die Nachbarn an einen Tisch. Der Zwischenmann verknüpft die Koalitionslinien und sichert sie ab. Auf diese Weise gerät er jedoch in eine prekäre Stellung zwischen Neutralität und Parteilichkeit, Anlehnung und Selbständigkeit. Trotz der Blockademacht ist seine Stellung ambivalent. Er ist anfällig für Pressionen und Anreize, eine Lage, der sie sich nur entziehen kann, wenn er seine Unabhängigkeit wahrt und nach beiden Seiten offen bleibt.

Anders als Randbündnisse haben Zwischenallianzen den Rücken nicht frei. Mittelmächten droht stets der Zweifrontenkrieg. Zumindest zu einer Systemgrenze wollen sie daher ihren Machtbereich ausdehnen. Fruchtet diese Methode nicht, kann man immer noch versuchen, Verbindungen zwischen den Randfiguren zu kappen. In stabilen Linien-, Gabel- oder Sternstrukturen fällt dies nicht schwer, in Kreisstrukturen ist es aussichtslos. Da der Kreis weder Rand- noch Zentralfiguren, sondern nur Zwischenleute kennt, kann der Gegner immer versuchen, über die andere Seite den Kreis zu schließen. So entsteht eine bemerkenswerte Konstellation. Die Konfliktlinie verdoppelt sich, der Kreis zerfällt in zwei Lager, die beide einen Doppelkrieg gegeneinander führen. Jede Allianz streitet an zwei Fronten, mit zwei Speerspitzen. Die Partner stehen Rücken an Rücken, die Gegner Brust an Brust.

Andererseits bietet der Kreis auch besondere Chancen zur Entschärfung von Konflikten. Kontrahenten ohne unmittelbaren Kontakt sind beidseitig von Vermittlern eingerahmt, welche die Auseinandersetzung abpuffern können. Der Zwischenmann steht nicht allein und ist daher auch kein Spielball. Kurzum: Kreise neutralisieren den indirekten Konflikt, indem sie nicht die Vermittler, sondern die Streithähne isolieren.

Die Zentralfigur steht im Mittelpunkt von Gabel- und Sternstrukturen. Ohne sie geht nichts. Was immer gesagt wird, der Zentralmann erfährt alles, als einziger von allen. Er erlangt ein Wissensmonopol. Die anderen müssen zuerst mit ihm reden, falls sie Kontakt aufnehmen wollen. Er jedoch kann sich nach allen Richtungen wenden. Zentralität vereinigt die größte Informationsmacht mit der größten Freiheit. Auch wenn zwei Nachbarn sich verweigern, bleibt immer noch der dritte. Eine Randfigur kann das System verlassen, ohne daß es zusammenbricht, eine Zwischenfigur kann man zu umgehen versuchen, die Zentralfigur jedoch ist die tragende Säule, von der alles abhängt. Als Alliierter ist sie unverzichtbar. Keine Koalition kann sie entbehren. Doch zugleich ist der Zentralmann der unsicherste Kantonist. Keiner kann wie er die Seiten wechseln. Er ist der geborene Verräter. So ist derjenige, auf den man am meisten angewiesen ist, zugleich derjenige, auf den man sich am wenigsten verlassen kann.

Die Freiheit der Zentralfigur hat freilich ihre Kehrseite. Wer in der Mitte sitzt, gerät leicht zwischen alle Stühle. Er hat keinerlei Rückendeckung. Von allen Flanken droht ihm Gefahr. Zwischenbündnisse kämpfen nur an zwei Fronten, Zentralkoalitionen an mehreren gleichzeitig. Sie können sich nur halten, wenn sie sich einigeln oder aufblähen. Die Igeltaktik verbarrikadiert alle Kanäle zur Peripherie, die Expansion zieht die Nachbarn nach und nach in das Bündnis hinein. Doch je mehr sich um das Zentrum scharen, desto größer die internen Probleme. Wachstum erhöht die Differenzen und die Zerbrechlichkeit der Allianz.

Netze kennen weder Rand- noch Zentralfiguren. Jeder kann mit jedem in Kontakt treten. Keiner hat einen Vorsprung. Jeder ist gleichermaßen erreichbar. Die Linien überkreuzen das Handlungsfeld, ohne daß einer die Kreuzungen überwacht. Im Netz ist jeder frei: jeder mit jedem, und jeder gegen jeden. Man kann sich zum Nebenmann wenden oder zur Gegenseite, man kann andere direkt oder über Zwischenstellen ansprechen. Deshalb ist im Netz auch niemand vor dem anderen sicher. Wenn sich aber jeder aufdrängen kann, verliert man die Chance, von Zumutungen und Streitigkeiten unbehelligt zu bleiben. Daß keiner einen Vorteil hat, kann für den einzelnen durchaus von Nachteil sein. Im Netz ist es schier unmöglich, in Ruhe gelassen zu werden.

Für die Partnerwahl bietet das Netz ungeahnte Chancen und Risiken. Die Kehrseite der eigenen Freiheit ist jene der anderen. Der Verbündete kann allezeit ausscheren, vertrauliche Botschaften weitergeben, Alternativen nutzen. Koalitionen bemühen sich daher, ihre Außenkontakte zu zentralisieren und das soziale Netz einzureißen, um die Kontakte der einzelnen Partner auszutrocknen. Darin liegt ihre Destruktivität. Einerseits verdichten sie die inneren Verbindungen, andererseits verdünnen sie die externen Beziehungen und kappen die Leitungen zur Gegenseite. Am Ende stehen sich nur noch zwei Lager gegenüber. Die Kontaktstruktur wird polarisiert. Unsichere Drähte werden zerstört, an der Hauptlinie nehmen geschlossene Verbände Aufstellung. Das Bündnis wird zur sozialen Insel. Je mehr es sich abschirmt, desto starrer seine Aktionen. Je unübersichtlicher dagegen seine Außenkontakte, desto zerbrechlicher ist es, aber desto größer sind auch die Chancen, den Streit zu entschärfen und ihn auf Nebenschauplätze zu verlagern. Das Netz begünstigt die Koalition und bedroht sie zugleich. Es fördert den Streit und verteilt ihn über das Feld. Viele neue Allianzen verdanken ihre Existenz diesem Netz und unternehmen, kaum daß sie etabliert sind, sofort alles, um es zu zerreißen.

IV. Machtfelder

Nicht jeder ist als Partner willkommen. Soll die Zusammenarbeit einen Sinn haben, so muß der andere etwas mitbringen, was einem selbst fehlt. Auch wenn Sieg und Gewinn in weiter Ferne liegen, der Koalition beruht stets auf einem einfachen Motiv. Man geht mit jemandem zusammen, wenn man sich selbst für zu schwach hält, um die eigenen Interessen wahren zu können. Ein Pakt ist ein Investitionspool, aus dem man gemeinsam die Kraft schöpft, die man allein entbehrt. Wer so stark ist, daß er alles allein durchsetzen kann, braucht keine Genossen. Und wer sich vollkommen ohnmächtig fühlt und keinerlei Hoffnung hegt, für den ist auch fremde Hilfe sinnlos. Der Despot benötigt keine Allianz, dem Paria nützt auch ein Bündnis nichts.

Allerdings wissen die wenigsten, wie die Trümpfe wirklich verteilt sind. Häufig täuschen sich die Menschen über die eigenen Chancen und den Einfluß der anderen. Dabei geht es keineswegs nur um Macht und Stärke, sondern auch um die Verwendbarkeit der Ressourcen. Nicht alle Trümpfe stechen zur selben Zeit. Soll einer überredet werden, braucht man Partner mit Argumenten und Überzeugungskraft. Drohpotentiale nutzen da wenig. Soll die Amtskompetenz eines Gegners beschnitten werden, braucht man Redner, die den Abgesetzten dorthin wegloben, wo er wenig Schaden anrichten kann. Die Partnerwahl richtet sich nicht nur nach der wirklichen Macht, sondern auch nach der Macht, welche die Partner für real halten.

Weil sich Koalitionen auf Bilder der Macht stützen, kann jeder sich anders zur Schau stellen als er tatsächlich ist. Wer sich attraktiv machen will, verbirgt seine Nieten. Um den Beitrittspreis hochzuschrauben, demonstriert er Überlegenheit und Entschlossenheit. Wer sich heraushalten will, macht sich kleiner als er ist. Damit ihn die anderen in Ruhe lassen, mimt er den Verzagten und Unentschiedenen. Machtbilder sind manipulierbar. Das Pokerspiel soll Interesse erregen, die Preise hochtreiben, Attraktivität inszenieren. Aber es soll auch abschrecken und die Werber abhalten.

Machtbilder sind keinesfalls bloße Illusion. Welche Chancen sich der Dramaturgie bieten, hängt vornehmlich von der Transparenz der Machtquellen ab. Amts- und Disziplinarmacht eines Vorgesetzten sind bekannt. Wenn man ihn auf die eigene Seite zieht, weiß man, was man gewinnt. Die Wissensmacht von Experten ist viel undurchsichtiger. Sie beruht auf dem Glauben, jener wüßte etwas, was man selbst nicht weiß. Was er tatsächlich weiß, entzieht sich der Überprüfung. Daher rührt die Aura der Autorität, die jene umgibt, die eine Ungewißheitszone regieren. Je formalisierter die Machtstruktur, desto durchsichtiger ist sie. Im Dunkelfeld der inoffiziellen Macht hingegen kursieren Gerüchte, Zuschreibungen, Vermutungen. Hier stehen Bündnisse gelegentlich auf tönernen Füßen.

Machtbilder addieren sich zu einem Panorama der politischen Landschaft. Man identifiziert den Stärksten und Schwächsten, vergleicht und gewichtet die Potentiale aller Akteure. Man erkennt den Tyrannen und dessen Hilfstruppe, man stellt Gleichheiten und Asymmetrien fest und verortet in diesem Gefüge sich selbst. Diese alltägliche Machtmessung zeichnet eine Landkarte, aus der sich der eigene Koalitionsbedarf ergibt. Strategische Positionen für das Machtspiel sind auf dieser Karte markiert, Räume für Züge und Linien, für Depots und Stellungen.

Despotie und Gleichgewicht

Den geringsten Bedarf an Unterstützung hat der Diktator. Er regiert unangefochten. Welches Bündnis sich auch immer zusammenfindet, er behält die absolute Mehrheit. Diktatorische Macht läßt sich genau definieren: Unabhängig davon, wer sich verbündet und wie steil das Machtgefälle ist, der Diktator A ist immer stärker als die Allianz von B und C:

I. $A > B$; $B = C$; $A > (B+C)$.

II. $A > B > C$; $A > (B+C)$.

Kein Bündnis kann den Tyrannen stürzen. Auch gemeinsam sind die Unterlegenen machtlos. Der Despot dagegen braucht keine Verbündeten, eine Koalition ist ihm nur lästig. Attraktiv würde sie für ihn nur, wenn sie ihm mehr einbrächte als er an den Verbündeten abgeben müßte. Dafür allerdings kann es mancherlei Gründe geben. Diktatoren gehen Bündnisse ein, um nicht in die Isolation zu geraten, um ihre Legitimation aufzubessern oder um eine Hilfstruppe zu gewinnen, die ihnen die Repression abnimmt und dafür mit Privilegien entlohnt wird. So hält der Tyrann seine Hände sauber und gewinnt die Autorität des Souveräns. Häufig wechselt er seine Partner spontan, nach freier Willkür, und hält sie damit in Fügsamkeit und Abhängigkeit. Immerzu müssen die Hilfsleute fürchten, plötzlich ausgetauscht zu werden. Um ihre Vorteile nicht zu verlieren, gehorchen sie dem kleinsten Wink. Die Unterdrückten wiederum können darauf hoffen, irgendwann einmal aufzurücken. So schürt der Despot die Konkurrenz um die wenigen Hilfsstellen, um sich alle gefügig zu halten. Er spielt sie gegeneinander aus und unterbindet dadurch von vornherein jede Gegenkoalition.

In einer ganz anderen Lage befindet sich der Schwächste C. Auf den ersten Blick scheint er mit dem Zweiten zusammen nichts gewinnen zu können. In einer Diktatur steht die Allianz (B+C) stets auf der Verliererseite. Doch die Verlierer von heute sind die Sieger von morgen. Eine Koalition mit B mindert die Ausbeutung und schützt ein wenig vor despotischer Übermacht. Bliebe C allein, wäre er den beiden anderen hilflos ausgeliefert. Die Allianz der Kleinen schließt mit Absicht den Stärksten aus, um ihn sozial zu disqualifizieren. Zwar läßt sie ihn unangetastet, doch er verliert seine Hilfstruppe und kann die Untergebenen nicht mehr aufeinander hetzen. Auf mittlere Sicht ist die Gegenkoalition der Schwachen die einzige Methode, um der Tyrannei des Teilens und Herrschens zu entgehen.

Die Verliererallianz greift auf andere Machtquellen zurück als der Tyrann. Jener kann unbeschränkt drohen, strafen, verletzen. Er ist gefürchtet wegen seiner schier unangreifbaren Sanktionsgewalt. Die Unterlegenen dagegen stützen sich auf Vertrauen und Kameradschaft, auf das Geheimnis und das Bewußtsein der Unterlegenheit. Der Diktator steht allein, die Beherrschten sitzen zusammen und gewinnen ihr Selbstbewußtsein aus gemeinsamer Klage. Ihre einzige Kraft ist ihr Zusammenhalt, ihre Solidarität. Man warnt einander, duckt sich oder flüchtet zusammen, verteilt die Lasten der Herrschaft auf mehrere Schultern.

Gegenkoalitionen sind höchst anfällig. Der Despot kann dazwischen fahren, die Partner auseinanderjagen und in die Verbannung schicken. Dafür braucht er jedoch eine zusätzliche Aktion, die Macht zur sozialen Destruktion. Anstatt die Gruppe zu kontrollieren, muß er sie zerstreuen und atomisieren. Dies aber widerspricht seinem Interesse an einem überschaubaren Machtfeld. Um seine Divisionen nicht zu zersplittern und den Einsatz gering zu halten, liegt ihm an der Konzentration der Unterworfenen. Die Technik des Teilens und Herrschens findet dort ihre Grenze, wo die Einheit des sozialen Körpers auf dem Spiel steht und ein zentralisierter Gegner einfacher zu beherrschen ist als unzählige, weit verstreute Teilgruppen. Lokale Händel verbrauchen auf Dauer mehr Energie als ein organisierter Gegner, dem man einfach die Spitze abschlagen kann. Komplexe Systeme sind ungleich schwerer zu regieren als kompakte, obwohl die soziale Verdichtung bekanntlich ihre eigenen Gefahren birgt. Die Kunst der diktatorischen Zerstörungsmacht besteht paradoxerweise in der Desorganisation organisierter Ohnmacht.

Ungefährlicher ist für den Despoten eine Koalition. Kann er den Schwächsten einbinden, so erspart er sich die aktive Teilung und Trennung. Für den Schwächsten wiederum ist der Despot keineswegs unattraktiv. Er gewinnt nämlich einen, wenn auch schmalen Anteil an dessen Übermacht. Er partizipiert am Prestige des Tyrannen. So entstehen manchmal Jüngerallianzen (A+C), Bündnisse zwischen Macht und Ohnmacht, zwischen Despot und Paria. Die Schwächsten scharen sich um den Stärksten, als färbe dessen Macht auf ihr graues Dasein ab. Solche Jüngerallianzen sind um so wahrscheinlicher, je unangreifbarer der Tyrann und je größer die Kluft zur Verliererallianz (B+C) ist. Anders gesagt: Je schwächer der Tyrann, desto eher tun sich die Beherrschten zusammen.

Aus der Perspektive des Zweiten B sieht die Konstellation anders aus. Er profitiert nämlich von der Ausbeutung des Schwächsten, ein Vorteil, den er einbüßen würde, falls er mit diesem zusammenginge. Für den Mittleren ist ein Verliererbündnis ein reines Verlustgeschäft. Daher orientiert er sich nach oben und dient sich dem Despoten an. Niemand ist konservativer auf seinen geringen Vorsprung bedacht als der Zwischenmann. Er ist der geborene Kollaborateur, der Verräter der Schwachen. Wenn aber in Zukunft der Despot einmal gestürzt wird, gilt die ärgste Rache seinen Helfern und Dienern. Dies hat B im Auge zu behalten. Je schwächer der Diktator wird, desto eher begibt sich der Zweite nach unten. Je unangreifbarer das Regime jedoch ist, desto größer ist seine Bereitschaft, an den Privilegien der Tyrannis teilzuhaben.

Ein Despot übertrumpft jede Allianz. Beim dyadischen Gleichgewicht hingegen neutralisieren sich beide Seiten. Beide verfügen über die Vetomacht, Entscheidungen des Gegners zu blockieren. Der Machtkampf erstarrt zu einem Patt:

III. A > B; B = C; A = (B+C).

IV. A > B > C; A= (B+C).

Der Überlegene ist allein so stark wie die anderen zusammen. Was sie gemeinsam beschließen, kann er jederzeit abwehren. Die Gegenkoalition (B+C) stößt an die Grenze seines Vetos. Sie kann all ihre Mittel einsetzen, doch sagt der Erste Nein, war alles vergebens. Aber die Vetomacht ist nur eine negative Macht zum eigenen Schutz. Sie genügt zwar dazu, Nachteile zu verhindern, aber nicht dazu, Vorteile durchzusetzen. Denn das Bündnis hat gleichfalls Vetomacht. Die Verhinderungsmacht ist gegenseitig. So ist keine Seite in der Lage, sich durchzusetzen, aber jede Seite kann die andere abblocken. Die Gegner entmachten sich gegenseitig.

Dennoch bleibt eine Asymmetrie. Die Vetomacht des Stärksten ist eine andere als diejenige der Koalition. Jener hat die Abwehrmacht allein, Zweite und Dritte nur zusammen. Sie müssen sich verbünden, um ihm standzuhalten, werden aber niemals stark genug sein, um seinen Widerstand zu brechen. Sie brauchen die Kooperation, um gleichzuziehen, während er nicht mehr zu bremsen ist, wenn er sich verbündet. Eine Allianz unter seiner Führung gewinnt immer: (A+B) > C; (A+C) > B.

Es ist nur die Kehrseite dieser Konstellation, daß ein Siegerbündnis auf den Ersten keinesfalls verzichten kann. Er hat die strategische Mehrheit, ohne ihn ist nichts zu gewinnen. Wer sich tatsächlich durchsetzen will, muß sich ihm anschließen. Er jedoch kann sich seinen Genossen aussuchen und ihm mehr versprechen als nur den Machtausgleich. Besonders willkommen ist ihm der Schwächste, der bei der Aufteilung der Beute weniger beanspruchen kann als der Zweite. Andererseits hat der Mächtige ein Bündnis nötiger als der absolute Despot. Er muß nämlich die Vetomacht der Gegenkoalition fürchten. Will er überhaupt etwas erreichen, benötigt er einen Helfer. So schlägt er mit einer Allianz zwei Fliegen mit einer Klappe. Er verhindert das Gegenbündnis und sichert sich, auch wenn er etwas abgeben muß, auf Dauer Überlegenheit. Die Waagschale neigt sich zu seiner Seite in dem Augenblick, da die Gegenkoalition zerfällt und einer überwechselt, wenn also die Asymmetrie, die dem Gleichgewicht insgeheim zugrunde liegt, offen zutage tritt.

Revolution und Reform

Im dyadischen Gleichgewicht erreicht die Allianz der Schwachen nur ein Patt. In einer Konstellation der relativen Überlegenheit gelingt ihr die Revolution, die Umkehrung der Asymmetrie.
V. A > B; B = C; A < (B+C).
VI. A > B > C; A < (B+C).
Der Erste übertrifft die anderen nur, solange sie vereinzelt sind. Er hat lediglich die relative Mehrheit, die ihm freilich wenig nützt, wenn jene sich zusammenschließen. Gegen die Allianz ist er machtlos. Sie bootet ihn aus. Er kann sich auf seine Sanktionsgewalt besinnen oder sich auf seine Autorität berufen, gegen die geschlossene Front kommt er nicht an. In der Solidarität der Schwachen liegt die Schwäche des Starken. Was aber ist zu tun, falls eine Revolution droht? Repression verschärft die Lage und treibt die Unterdrückten noch enger zueinander. Rückzug läßt sich als Schwäche auslegen und provoziert erst recht neue Vorstöße. So bleiben drei Strategien: die Individualisierung, die Bildung einer reformistischen oder einer konservativen Allianz.

Die Politik der Individualisierung zielt auf soziale Vereinzelung. Sie trocknet Verbindungskanäle aus, trennt die Parteien, lockt den einen mit Privilegien und degradiert den anderen. Sie zerteilt Kompetenzen und staffelt sie in einer Hierarchie, sie dezentralisiert die Aufgaben und zentralisiert die Koordination. Im Prinzip sind es dieselben Verfahren des Teilens und Herrschens, mit denen der Despot die Schwachen niederhält. Doch der Tyrann handelt aus Vorsicht, er zerschlägt die Koalition beizeiten, um niemals ins Hintertreffen zu geraten. Der relativ Mächtige dagegen ist vom Erfolg dieser Strategie vollkommen abhängig. Sie ist für ihn eine Frage des Überlebens. Der Tyrann kann die Gegengruppe gelassen beobachten. Sie kann ohnehin nichts ausrichten. Der relativ Mächtige gerät schon bei den allerersten Anzeichen einer Zusammenrottung in Panik. So hat derjenige, der eine Koalition um jeden Preis verhindern muß, zugleich die wenigsten Machtmittel und die wenigste Zeit dafür.

Als Alternative bietet sich der reformistische Pakt mit dem Schwächsten an: (A+C) > B. Dieses Bündnis reduziert die Kosten der Individualisierung, da sie den sozialen Zusammenhang wahrt. Der Stärkste nimmt den Schwächsten auf, beteiligt ihn an seiner Übermacht und beseitigt dadurch alle revolutionären Avancen. Erfolgreiche Organisationsreformen zeigen häufig diese Koalitionsstruktur. Spitze und Basis revidieren zusammen die Kommandostruktur auf Kosten der Mitte. Die Basis wird aufgewertet und erhält eine gewisse Selbständigkeit für operative Entscheidungen. So wird die Unzufriedenheit abgebogen, die Leitung gewinnt eine loyale Hilfstruppe, die keinen Gedanken mehr darauf verwendet, sich mit der Mitte zusammenzutun.

Solche Reformen sind freilich kostspielig, weil sie die Mitte entmachten, ohne die keine Hierarchie funktionieren kann. Nicht selten blockieren Mittelränge die Reformen und stellen sich zwischen Basis und Spitze. Die Entschlüsse versanden, verschwinden, werden nicht umgesetzt, so daß schließlich nur das konventionelle Modell der konservativen Koalition bleibt: (A+B) > C. Dafür ist die Mitte immer zu haben. Bei Reformen und Revolutionen muß sie um ihren Anteil an der Ausbeutung der Schwachen bangen. Bleibt es jedoch beim Status quo, behält sie ihre Privilegien. Während die reformistische Koalition die Mitte in die Zange nimmt, verschiebt die konservative Allianz die Konfliktlinie nach unten. Die Reform wird gleichsam niedergedrückt, die alte Hierarchie bleibt in Kraft. Die oberen Ränge halten zusammen. Ihre Allianz entscheidet über die Zukunft.

Je flacher das Machtgefälle ist, desto konservativer verhält sich der Mächtige. Um sicher zu gehen, setzt er auf eine Hilfstruppe, der er Sonderprämien verspricht, um sie an sich zu binden. Nur wenn er fest im Sattel sitzt, kann er Reformen riskieren und sich mit dem Schwächsten zu einer minimalen Gewinnkoalition (A+C) verbünden. Reformistische Allianzen entstehen nicht, wenn der Starke schwach ist, sondern wenn er so stark ist, daß er es mit der Mitte verderben kann. Die Idee dieses Paktes ist so einfach wie bestechend. Sie verteilt den größtmöglichen Gewinn auf möglichst wenige Partner. Für den Stärksten bietet sie den Vorteil, daß der Schwächste als Verbündeter nur wenig von der Reformbeute beanspruchen kann. Jener aber kann froh sein, daß er überhaupt etwas erhält und nicht hoffnungslos dem konservativen Bündnis des Ersten und Zweiten ausgeliefert bleibt.

Einzelgänger, Nutznießer, Mitläufer

Besonders labil sind Strukturen mit gleicher Machtverteilung. Jeder ist so stark wie der andere, und jede Koalition, die gebildet wird, erringt den Sieg:

VII. A = B = C; (A+B) > C, (A+C) > B, (B+C) > A.

Im triadischen Gleichgewicht hat keiner die Macht, aber jede Allianz gewinnt automatisch. Jeder kann mit dem gleichen Nachdruck drohen und mit den gleichen Angeboten locken. Jeder ist so attraktiv und so gefährdet wie der andere. Der Machtkonflikt gewinnt eine ungeahnte Dramatik. Jeder kämpft ums Überleben, die Angebote überkreuzen sich, werden aufgestockt, bis zum eigenen Ruin. Wenn nur Bündnisse gewinnen und Einzelgänger immer verlieren, muß jeder sehen, daß er sich, um welchen Preis auch immer, mit jemandem zusammentut. Daher die Wahllosigkeit der Werbung und der Partnerwahl. Es kommt nicht darauf an, mit wem man sich zusammenschließt, es kommt allein darauf an, daß man überhaupt mit jemandem zusammengeht. Der Zeitdruck ist immens. Man muß dem anderen zuvorkommen, damit kein Gegenbündnis zustande kommt. Wer am schnellsten das höchste Angebot einreicht, erhält den Zuschlag. Koalitionsbildung gleicht hier einer Auktion. Man steigert sich gegenseitig hoch, bis am Ende der Dritte mehr erhält als er eigentlich wert ist. Obwohl anfangs alle gleich sind, erzeugt der Pakt neue Ungleichheit. Der Partner bekommt wesentlich mehr als ihm zusteht, einfach deswegen, weil er unentbehrlich ist und eine Gegenallianz den eigenen Untergang bedeuten würde.

Noch größer ist das Übergewicht des Dritten bei einem Patt der Supermächte. Neutralisieren sich zwei nahezu gleichstarke Mächte, reicht ein minimaler Machtzuwachs für den Sieg. Obwohl er der Kleinste im Bunde ist und sein Gewicht nicht im mindesten an das der Großen heranreicht, spielt er die Schlüsselrolle, das Zünglein an der Waage.

VIII. A = B, A > C; (A+C) > B.

Der Streit der Großen erfreut den Kleinen. Sie befehden sich aufs Heftigste, aber keiner gewinnt. Dazu brauchen sie den Kleinen, der sich dem einen zuwenden kann oder dem anderen. Verlieren kann er dabei nie. Wer ihm das beste Angebot macht und den größten Spielraum gewährt, dem reicht er die Hand. Gelassen kann er abwarten, wie sie sich gegenseitig hochtreiben. Sie können die Beitrittsprämie so weit erhöhen, wie sie wollen, ob er einwilligt, liegt jenseits ihrer Macht. Trotz seiner Unterlegenheit sind die Supermächte ihm gegenüber strategisch im Nachteil.

Allerdings hat die Rivalität eine harte Grenze. Treibt es der Kleine zu bunt, besinnen sich die Supermächte plötzlich auf sich selbst. Sind seine Forderungen allzu unverschämt, stellen sie ihren Antagonismus zurück und beenden ihren Streit. Nichts hat der Kleine mehr zu fürchten als die große Koalition der Mächtigen. Sie drängt ihn in die Isolation und unterwirft ihn gnadenloser Ausbeutung. Die Übermacht ist schier grenzenlos. Zwar kann eine große Koalition, um ihre Flügel zusammenzuhalten, nur das tun, was ihrem kleinsten Nenner entspricht, aber sie kann alles unterdrücken, was diesem Nenner widerspricht. Nichts zu entscheiden ist eine Spezialität großer Koalitionen. Schon wegen ihrer inneren Labilität müssen sie zahlreiche Streitsachen vertagen. Nach außen jedoch haben sie nahezu diktatorische Vormacht. Jede Opposition können sie niederhalten, jedes Thema totschweigen, jedes Amt mit eigenen Leuten besetzen.

Darauf hat sich der Kleine einzurichten. Um nicht ins Hintertreffen zu geraten, lauert er auf jede Annäherung zwischen den Großen. Er gelobt Fairneß und Bescheidenheit, achtet wachsam auf alle Risse zwischen den Mächtigen und legt Minen zwischen die Frontlinien, indem er sich als wahrer Interpret ihrer Sonderinteressen gebärdet. Die Verschärfung des Konflikts liegt ganz in seinem Interesse. Aber zugleich muß er den Kontakt zu beiden Seiten wahren. Schlägt er sich vorzeitig einer Partei zu, liefert er sich aus. Seine Strategie verknüpft daher Bescheidenheit und Zurückhaltung mit Diffamierung und Polemik. Denn seine Macht steigt in dem Maße, wie er unabkömmlich wird und die Chancen der großen Koalition schwinden. Anstatt die Streithähne zu versöhnen, schürt er den Zwist. Denn je ruinöser dieser Zwist, desto höher sein Beitrittspreis.

Partner gewinnen Macht, wenn sie ihre Ressourcen zu einer Koalition zusammenlegen. Aber nicht alle Trümpfe sind für den Sieg gleich notwendig. Wo es um absolute Stimmenmehrheit geht, reicht eine einzige Stimme. Für eine relative Mehrheit ist nicht einmal die Hälfte der Voten erforderlich. Und wenn alle anderen zerstritten sind, genügt bereits ein minimaler Vorsprung, um sich durchzusetzen. Gleichwohl finden sich häufig einzelne Parteien ein, die noch auf den Zug der Macht aufspringen wollen, obwohl die Allianz längst stark genug ist. Trittbrettfahrer und Mitläufer schielen auf die Beute, ohne viel beitragen zu können. Sie dienen sich an, buhlen um Sympathie, plustern sich auf, obwohl sie ganz entbehrlich sind. Im Koalitionskampf sind sie überflüssige Spieler. Jedes siegreiche Bündnis kommt ohne sie aus.

IX: $A > B > C > D$; $(A+B) > (C+D)$, $(A+C) > (B+D)$, $(A+D) < (B+C)$.

In Hierarchien ist mit dem Schwächsten (D) nichts zu gewinnen. Er bringt nur Niederlagen ein. Wer aber im Zweierbündnis nur verlieren kann, setzt alles daran, sich an fremde Siegerbündnisse anzuhängen, an die revolutionäre Allianz [$A < (B+C+D)$], die konservative [$(A+B+D) > C$] oder die reformistische Koalition [$(A+C+D) > B$]. Keinesfalls darf D den Anschluß verpassen. Da er wenig beliebt ist, verfolgt der Mitläufer aufmerksam, wer in den Zug einsteigt und wann er abfährt. Um dem Verdacht zu entgehen, sich erst zu entscheiden, wenn die Mannschaft vollzählig ist, mischt er sich frühzeitig ein. Flugs ist er zur Stelle, wenn er eine Annäherung bemerkt. Timing ist hier alles. Der Trittbrettfahrer darf weder zu früh noch zu spät kommen. Steigt er vorzeitig ein, könnte es der falsche Zug sein, verspätet er sich, sieht er nur noch die Schlußlichter.

Zu Hilfe kommt dem Mitläufer die Undurchsichtigkeit des Spielfelds und der Machtverteilung. In komplexen Organisationen lassen sich die Ressourcen kaum so genau identifizieren wie in einer parlamentarischen Demokratie, wo die Stimmenzahl Stärke und Schwäche genau bezeichnet. Jenseits der offiziellen Amtsmacht ist schwerlich abzuschätzen, wie zentral eine Stellung im Wirrwarr der Rollen und Kontakte tatsächlich ist, wie unersetzbar einer wirklich ist oder über welche Ungewißheiten jemand regiert. Wer hier frühzeitig seine Unterstützung anbietet, wird eher willkommen geheißen als eine marginale Partei im politischen System. Vor Fallen und Reinfällen bewahrt nur umfangreiches Organisationswissen. Es vermeidet den Schaden, der zu entstehen pflegt, wenn man den Mitläufer nachträglich wieder ausschließen muß.

Gewinne und Kosten

Vergleicht man die diversen Machtfelder, so zeigt sich, wie die jeweiligen Arrangements den Koalitionsbedarf, die Erfolgschancen und die Bestandsgarantien verteilen. Unangefochten ist der Mächtige lediglich in der Diktatur und im dyadischen Gleichgewicht. Hier ist er unverzichtbar und hat zugleich die meisten Optionen. Mit maximaler Verhandlungsmacht kann er nicht nur das Handlungsfeld, sondern auch seine Koalition kontrollieren. Die anderen können gemeinsam nur verlieren, ihn allenfalls neutralisieren.

Von dieser Überlegenheit ist in den anderen Konstellationen nicht mehr viel übrig. Sobald die Asymmetrie auf eine relative Überlegenheit zusammenschrumpft, können kleine Koalitionen den Mächtigen übertrumpfen. Aus dem Verliererbündnis wird eine

Gewinnkoalition (B+C), die gerade den Mächtigen von der Beute ausschließt. Seine Stärke schlägt in Schwäche um. Alle können gewinnen, auch der Schwächste, der von der stärksten Allianz ausgeschlossen ist. Zusammen mit dem Zweiten ist er dem Mächtigen überlegen. Im übrigen ist der Paria niemals so schwach, wie es zunächst den Anschein hat. Zwar ist er von der großen Koalition (A+B) ausgeschlossen, doch als Partner ist er durchaus gesucht, da er leicht zu kontrollieren ist und weniger Beuteanteile einstreichen kann als der Zweite. Wo der Machtvorsprung einer minimalen Gewinnkoalition [(A+C), (B+C)] ausreicht, ist er besonders attraktiv. Solche Figurationen machen ihn stärker als er ursprünglich war.

Andererseits kann der Schwächste niemals einer großen Koalition angehören. Große Koalitionen sind nur möglich, wenn die Macht gestaffelt ist, wenn es also einen Schwächsten gibt. Sind die Unterlegenen nämlich gleich stark (B=C), gibt es stets zwei gleichmächtige Siegerbündnisse. Anders gesagt: Wenn Macht hierarchisch abgestuft ist, kann der Schwächste niemals Mitglied der stärksten Koalition werden, und zwar unabhängig davon, wie stark der Stärkste jeweils ist. Seine Unterlegenheit besteht nicht nur darin, daß er an letzter Stelle steht, sondern daß ihm die Sicherheiten und Reichtümer der stärksten Allianz auf immer verwehrt bleiben.

Bündnisse transformieren die gegebene Machtstruktur. Indem die Partner ihre Trümpfe kombinieren, erschließen sie eine neue Machtquelle. Die Macht der Allianz ist größer als die Summe der investierten Ressourcen. Die Koalition verfügt über ihre Mittel und verzettelt sich nicht in aufreibenden Einzelkämpfen. Der Gegner trifft nicht mehr auf vereinzelte Gegenwehr, sondern auf eine geschlossene Front. Die Allianz nutzt die Macht der Organisation. Sie teilt die Aufgaben und übergibt sie ihren Fachleuten, sie spart Zeit und Energie, koordiniert Angriff und Abwehr. Die strategische Kooperation ist eine Produktivkraft eigener Art. Damit übertrifft die Allianz jeden individuellen Gegner. Gewiß brauchen die Debatten ihre Zeit, und manche Bündnisse sind derart mit sich selbst beschäftigt, daß sie eine effektive Außenpolitik kaum mehr zustande bringen. Aber eine kompakte Organisation steigert ihre Erfolgsaussichten in einem Ausmaß, wie es der einzelne niemals vermag.

Dem kollektiven Machtgewinn steht allerdings der Freiheitsverlust des Individuums gegenüber. Wer sich mit anderen zusammentut, verliert einen Teil seiner Selbständigkeit und Unabhängigkeit. Er kann nicht mehr tun, was er will. Dieser Verlust an Autonomie ist nicht zu unterschätzen. Denn Unabhängigkeit ist selbst eine Form sozialer Macht. Frei von Bindungen ist der Selbständige ganz auf sich gestellt. Er verzichtet auf die Güter, die ihm die Allianz verspricht, und begnügt sich mit dem, was er hat. Zwar reicht seine Kraft nicht dazu, fremden Widerstand zu brechen, doch Unabhängigkeit verschafft genügend Souveränität, um niemandem glauben oder gar gehorchen zu müssen. Unabhängigkeit ist eine negative Form der Macht. Sie befreit von der Ohnmacht, ausgeliefert zu sein. Die Hilfe des Ungebundenen muß man erbitten. Er kann sie verweigern, gnädig gewähren oder sie sich teuer bezahlen lassen.

Vom Unabhängigen ist der Wankelmütige zu unterscheiden. Er irrt im Machtfeld umher, weil er noch keinen Standort gefunden hat. Ihm fehlt das Selbstbewußtsein der Unabhängigkeit ganz und gar. Er weiß nicht wohin, ob nach rechts oder links. Erst pokert er hier, dann verpflichtet er sich dort, um sich sogleich wieder zurückzuziehen. Der Unabhängige ist unparteiisch, der Wankelmütige ergreift jedermanns Partei. Seine Zuverlässigkeit ist minimal, weil ihm jede innere Souveränität fehlt. Stets bleibt er ein unsicherer Kantonist, während auf den Unabhängigen, wenn er sich denn entscheidet, absoluter Verlaß ist.

Je unübersichtlicher der Streit und je labiler die Positionen, desto stärker wird derjenige, der gelassen seine Bahn zieht. Unberührt vom Auf und Nieder der Parteien, hält er nur an sich selber fest. So gewinnt er Respekt und Autorität allein durch seine Standfestigkeit. Während die anderen sich hilfesuchend an ihre Partner ketten, behält er den Kopf frei. Der lachende Dritte, der Unparteiische wächst zwischen den Fronten empor, während die anderen fortlaufend in Scharmützel verstrickt sind. Je mehr sie wanken oder hin und her pendeln, desto eher verwandelt sich Unabhängigkeit in eine Quelle der Freiheit. Sie würde er verlieren, wenn der Selbständige es den anderen gleichtäte und sich mit einem von ihnen gemein machte.

Tritt der Unabhängige jedoch einer Allianz bei, verändert sich das Machtgefüge grundlegend. Es gibt nun keine freien Parteien mehr, um die man werben könnte. Weitere Annäherungen erübrigen sich, jeder hat sich gebunden. Zeugen und Zuschauer, Vermittler oder Schlichter, alle haben sich unter den Mantel einer Koalition verkrochen. Mit dem Ende des Dritten sind alle Alternativen dahin. Alle haben sich entschieden. Das soziale Feld zerfällt in zwei Lager. Der Dritte hat die Rivalität ausgelöst, in der Koalition ist er verschwunden. An die Stelle der Triade tritt die Dyade. Nun gilt der binäre Schematismus sozialer Gegensätze, die manichäische Opposition von Schwarz und Weiß: Der Freund meines Freundes ist auch mein Freund. Der Freund meines Feindes ist auch mein Feind. Der Feind meines Freundes ist auch mein Feind, und der Feind meines Feindes ist mein Freund.

V. Wahlverwandtschaften

Auch wenn Kontaktlinien gezogen und die Landkarte der Macht skizziert ist, fehlt dem Bündnis noch innere Substanz. Die Partner benötigen ein Reservoir an Gemeinsamkeiten. Damit sie sich vertragen, müssen ihre Absichten verträglich sein. Zwar ist der Konsensbedarf von Koalitionen nicht sehr hoch. Bisweilen reicht schon die Feststellung, einen gemeinsamen Gegner zu haben. Doch als dauerhafte Arbeitsgrundlage braucht man mehr als ein Feindbild. Vertrauen, Widerstandskraft und das Gefühl, zusammen an einem Strang zu ziehen, füllen die soziale Hülle der Allianz.

Einer Meinung zu sein, ist noch keine Koalition. Viele teilen dieselbe Weltsicht, ohne sich jemals zusammenzuschließen. Umgekehrt behindert Meinungsvielfalt zwar Koalitionen, aber verhindert sie nicht. Solange man den Gegner im Visier hat, ist es ohne Belang, welche Werte und Überzeugungen der andere sonst noch hat. Wie es eine Stufenleiter der Zusammengehörigkeit gibt, so gibt es auch eine Stufenleiter der Gemeinsamkeiten. Sie reicht von bloßer Verträglichkeit über Parallelen, Überschneidungen bis zur Familienähnlichkeit und Kongruenz der Vorstellungen. Je stärker sich die Koalition nach außen wendet, desto weniger liegt ihr Augenmerk auf der inneren Einheit. Aber je deutlicher die Innenpolitik ins Blickfeld rückt, desto drängender wird nach Gemeinsamkeiten gefragt. Krieg läßt innere Dissonanzen vergessen, Frieden fordert Konsonanz und Konsens.

Kollektive Vorstellungen beruhen auf der Kollektivität sozialer Tatsachen. Gemeinsame Ziele ergeben sich nicht aus willkürlichen Entscheidungen, sondern aus sozialen Strukturen und Mentalitäten. Soziale Ähnlichkeiten ermöglichen die Wahlverwandtschaft. Dabei können ganz unterschiedliche Bande die Koalition zusammenhalten: ein gemeinsames Machtinteresse oder Sicherheitsbedürfnis, ideologische Parallelen oder kollektive Betroffenheit. Solche Gemeinsamkeiten bilden die Basis praktischer Arbeit. Daß Bündnisse überhaupt gemeinsame Ziele entwickeln können, verdanken sie diesen sozialen Tatsachen.

Der Wille zur Macht und der Wille zum Profit

Unbelastet von Gemeinschaftsbedürfnissen sind Koalitionen, denen es allein um Macht oder Gewinn geht. Sie werden nicht von kollektiven Weltbildern oder Werten geleitet, sondern von Siegeswillen und Beutegier, vom gemeinsamen Interesse an der Macht. Willkommen ist jeder, der wichtige Trümpfe mitbringt. Was er sonst denkt oder glaubt, ist zweitrangig. Trittbrettfahrern wird unbarmherzig die Tür gewiesen, überflüssige Mitstreiter werden kaltschnäuzig vertrieben. Sie sind nur lästig auf dem Weg nach vorn. Die Partnerschaft wird radikal entmischt, von allen persönlichen und traditionalen Aspekten gereinigt und strikt auf ihren Nutzen reduziert. Die sozialen Kategorien sind instrumentell und strategisch, die Zusammenarbeit bloß ein Mittel zum Sieg.

Das strategische Muster kennt zwei Varianten: den Willen zu maximaler Dominanz oder zu maximalem Gewinn. Wer das Machtgefälle steigern und sein Machtrevier lückenlos regieren will, zieht in der Regel schwache Partner vor. Damit sichert er seine Herrschaft nach außen und innen. Er regiert über das Machtfeld und über das Bündnis gleichermaßen. Stärkere oder Gleichmächtige würden dem nur im Wege stehen. Es reicht der Kleine, der gerade noch zur Mehrheit reicht, im Bündnis jedoch wenig zu melden hat. Größere Koalitionen würden nur Macht und Energie kosten, Verliererbündnisse scheiden von vornherein aus. Sie bringen ohnehin nichts ein.

Strategisches Denken ist jedoch kein Privileg der Mächtigen. Daß der Überlegene einen kleinen Mitstreiter findet, liegt keineswegs an Zwang oder Gewalt. Die Jünger des Diktators, die Helfershelfer der Macht, die kleinen Lieferanten und Wasserträger, alle wollen sie ihre Lage aufbessern und andere unter sich sehen. Nach Überlegenheit zu streben wäre eine Illusion, nach Maximierung der Einsätze keineswegs. Die minimale Gewinnkoalition, die dieser strategischen Orientierung am nächsten kommt, verlangt nicht von allen den bedingungslosen Willen zur Macht. Auch wer mit seinen bescheidenen Mitteln maximale Vorteile herausschlagen will, denkt in diesem Kalkül. Mit innerer Reserve gesteht er dem Mächtigen seine Überlegenheit zu. Solange er selbst mehr erhält als zuvor, geht die Willfährigkeit in Ordnung. Bereitwillig unterwirft er sich der Macht, weil er von ihr profitiert, weil er etwas bekommt, was ihm ohne Gehorsam unerreichbar bliebe. Der Herrschaftswillen des Mächtigen und die Servilität des Schwachen ergänzen sich trefflich. Beide ersparen sie sich ideologische Gemeinsamkeit oder persönliche Gemeinschaft. Jeder ist für den anderen Mittel zum Zweck, der Knecht für den Herrn und der Herr für den Knecht. Der Knecht gibt dem Herrn die Macht über alle, der Herr übergibt dem Knecht die Waffen zur Ausbeutung des Gegners. Als Hilfsknappe ist der Knecht stets mehr als nur ein Knecht.

Strategische Denkmuster sind in der Gesellschaft ungleich verteilt. Gewiß ist im Prinzip jedermann in der Lage, Machtspiele mitzuspielen. Doch nur eine Minderzahl ist Tag für Tag damit beschäftigt, ihre Machtspiele bewußt zu spielen. Wo eine Maschine zu konstruieren oder zu bedienen ist, regiert zwar technische Sachlichkeit, aber keine soziale Instrumentalität. Wo die Kameradschaft gepflegt wird, ist man zwar in allerlei persönliche Kleinkriege verwickelt, aber nicht unbedingt in Machtkämpfe. Anders verhält es sich bei Positionen mit politischer und strategischer Bedeutung. Wo ökonomische und politische Entscheidungen zu treffen, wo andere Menschen zu führen, Interessen oder Produkte zu verkaufen sind, versteht sich der Habitus sozialer Instrumentalität von selbst. Macht und Gewinn sind hier Beruf. Untergebene, obzwar hautnah mit einer Vormacht konfrontiert und mit den Techniken des alltäglichen Arbeitskampfes durchaus vertraut, haben weniger mit Machtfragen zu tun als ihre Vorgesetzten. Während sie ihre Sache bearbeiten, arbeiten jene an ihrer Macht. Die vertikale Spezialisierung der Arbeit, die Aufspaltung in Leitung und Ausführung, verteilt auch die Mentalitäten, an die strategische Allianzen anknüpfen können.

Das Machtinteresse stiftet nur eine distanzierte Gemeinsamkeit. Das Verhältnis wirkt kühl und sachlich, strikt beschränkt aufs Wesentliche und Nötigste. Indes, es ist wie mit den meisten Extremen. Unversehens schlagen sie ins Gegenteil um. Die Zweckrationalität des Knechts bricht plötzlich zusammen. Zunächst hatte er den Herrn aus sicherer Entfernung beobachtet und kaltblütig abgewogen, was ihm der Gehorsam einbringen könnte. Doch nun ergreift ihn die Identifizierung. Die Macht, an der er teilhat, fasziniert ihn, strahlt auf ihn aus, nimmt ihn gefangen. Erst einmal auf den Geschmack gekommen, strebt er nach mehr. Der Knecht will werden wie der Herr. Er ahmt ihn nach, bewegt sich wie er, spricht wie er, handelt, denkt und spuckt wie er. Der kleine Hilfsmann mausert sich zum kleinen Tyrannen. Die Koalition, zunächst als reines Zweckbündnis zum Machtgewinn gemeint, verwandelt sich in einen mimetischen Verband. Der Mächtige bestimmt den Verhaltensstil, sein Habitus wird allen zum Vorbild. Die Allianz erreicht einen neuen Aggregatzustand, einen Zustand der emotionalen Assimilation. Nun verwirrt es den Jünger, wenn der ideale Herr sich einmal eine Blöße gibt, und der Herr ist bitter enttäuscht, falls der Knecht seinen Fetischdienst aufkündigt und sich wieder auf sein nacktes Interesse besinnt.

Der Wille zur Sicherheit

Taktische Machtkalküle dosieren die Aggressivität. Sie richten sich gegen eine Opposition und entwerfen Pläne für die Zukunft. Strategisches Denken ist ein primär futurisches Bewußtsein. Es will nach vorn. Dieser zeitliche Akzent verschiebt sich, sobald die Sicherheit in den Vordergrund tritt. Nun geht es nicht um Eroberung, sondern um Bewahrung. Jetzt ist das Ziel die Erhaltung der Besitzstände, die Vermeidung drohenden Unheils, allenfalls noch ein maßvoller, gemächlicher Fortschritt. Sicherheitsbündnisse interessieren sich eher für Gegenwart und Vergangenheit als für die Zukunft. Bewahren kann man ja nur, was man hat. Darin liegt, jenseits aller Sachthemen, der konservative Grundton, der diesen Allianzen eigen ist.

Die größte Sicherheit verspricht die Erfahrung. Was man kennt, das hat man. Daher hält man sich an den, der einem vertraut ist, mit dem man schon immer zusammen war. Erfolgreiche Mannschaften trennt man nicht, doch auch erfolglose Partner klammern sich häufig aneinander, nicht weil es keinen Ersatz gäbe, sondern weil ihnen der Wechsel zu riskant erscheint. Obwohl kaum etwas zu gewinnen ist, glaubt man zu wissen, woran man ist. Die gemeinsame Geschichte verbindet. An Gewohntem festzuhalten, hat durchaus einen rationalen Sinn. Es entlastet von den Unwägbarkeiten des Neuen. Wer kann schon mit Sicherheit voraussagen, daß ein neues Bündnis nicht scheitern wird und man bald völlig alleine dasteht? Deshalb läßt man alles, wie es ist. Die Zukunft der Koalition ist ihre Vergangenheit.

Wenn Geschichte nichts mehr einbringt, bietet sich eine andere Taktik an. Um sich abzusichern, rafft man alle Ressourcen zusammen, die sich auftreiben lassen. Jeder Mitstreiter ist willkommen, selbst die Trittbrettfahrer finden ein Heimatrecht. Die Allianz kann gar nicht groß genug sein. Es gilt das Kriterium der maximalen Ressourcen. Obgleich der Vorsprung auch mit geringerem Aufwand zu erreichen wäre, will man jedes Risiko vermeiden und die Verantwortung auf möglichst viele Schultern verteilen. So entstehen Surplus-Koalitionen, die mächtiger sind, als sie sein müßten. Sie vereinigen mehr Mitglieder, als sie tatsächlich benötigen. Gründe dafür lassen sich unschwer finden. In Notlagen hilft manchmal nur noch die konzentrierte Anstrengung aller Kräfte. Unpopuläre Entscheidungen, die alle in ihrer Existenz betreffen, sollen auch von allen getragen werden. Bei heiklen Innovationen bezieht man frühzeitig alle ein, damit hinterher keiner sagen kann, er habe es schon immer gewußt. So ist am Ende niemand alleine schuld. Mitunter ist es auch bloß die Unsicherheit über die eigene Stärke, die nach allseitiger Harmonie verlangt. Soziale Krisen, Legitimationsdruck oder Konsensbedarf produzieren eine Sicherheitspolitik, die Allianzen so aufbläht, daß am Ende regelrechte Allparteienbündnisse herauskommen.

Allparteienkoalitionen können über Jahre fortbestehen. In Demokratien, in denen nichts ohne Zustimmung aller beschlossen wird und Opposition verpönt ist, beruhen Regierungen immer auf einem Pakt aller Parteien. Der politische Prozeß wird ungewöhnlich zäh. Bevor nicht alle mit dem Kopf nicken oder sich zumindest enthalten, wird nichts beschlossen. Daher ist das thematische Reservoir naturgemäß kleiner als bei begrenzten Bündnissen, nicht wegen offener Kontroversen, sondern wegen des riesigen sozialen Kreises. Je größer die Zahl der verbündeten Parteien, desto geringer die Schnittmenge der Gemeinsamkeiten. Worauf man sich einigen kann, ist für die meisten nur eine Nebensache. Was die Koalition an sozialer Absicherung gewinnt, verliert sie an Engagement und Initiative. Verträglich ist nur ein Minimum, und für dieses Minimum lohnt die Arbeit nicht. Daß Allparteienbündnisse in Trägheit verfallen, liegt nicht an unlösbaren Antagonismen, sondern daran, daß die Ziele, die sie zustande bringen, nur wenig Begeisterung auslösen. Die Verbündeten spielen mit, widerwillig oder einer Not gehorchend, weil sie Nachteile vermeiden wollen, sich geringfügige Vorteile versprechen oder einfach nicht im Abseits stehen wollen. Doch wenn der Anreiz gegen Null tendiert, ist keiner bereit, freiwillig eine Sache in die Hand nehmen. Die Allparteienallianz verkommt zu einer Koalition von Mitläufern, denen der Anführer fehlt.

Zustatten kommen der Allparteienallianz jedoch ihre hochgradig unklaren Ziele. Sie lassen Befürchtungen und Hoffnungen so vage, daß sich die Verbündeten vertragen können. Was unbekannt ist, löst auch keinen unlösbaren Streit aus. Was sich nicht eindeutig vorstellen läßt, kann auch nicht wirklich angestrebt werden. Vagheit sorgt dafür, daß keiner davonläuft. Nicht einmal die Mitläufer an der Seite, wissen, wohin sie laufen sollen. So bleibt man zusammen. Und wer vorangehen könnte, hat gar kein Interesse, vorzupreschen und am Ende alleine dazustehen.

Obwohl wenig geschieht, ist Sicherheit teuer. Es kostet Zeit, Energie und Organisation, alle überzeugen und motivieren zu wollen. Übergroße Koalitionen, obwohl auf äußere Sicherheit bedacht, verschwenden den größten Teil ihrer Aktivitäten damit, sich selbst zu organisieren. Ihre Probleme wachsen mit dem Umfang des sozialen Kreises. Jeder kommt zu Wort, damit bloß kein Sonderinteresse untergeht. Anschließend muß man selbst die obskursten Richtungen auf eine Linie bringen. Je mehr Köpfe versammelt sind, desto kleiner wird der Anteil, den jeder einzelne in Aussicht hat. Daher tendiert die Motivation gegen Null. Und wenn die Köpfe nichts anderes verbindet als das Bedürfnis nach Sekurität, verfällt die Allianz rasch in Untätigkeit. Wer nichts tut, macht auch nichts falsch. Die Sitzungen ziehen sich endlos in die Länge, es regiert die Diktatur des Sitzfleischs. Wer am längsten ausharrt, setzt sich durch. Doch beim nächsten Termin klagen die

anderen, sie seien übergangen worden. Die Diskussion beginnt
erneut, die Allianz paralysiert sich selbst.

Einen Ausweg verspricht der Verzicht auf Einstimmigkeit und die
Zentralisation der Entscheidungsautorität. Nach und nach werden
überflüssige Mitglieder an den Rand gedrängt. Damit das über-
füllte Boot nicht umkippt, wird die Besatzung verkleinert. Im
Zentralausschuß verständigen sich nur noch die Wortführer und
Repräsentanten. Die Gruppen werden zu Zuschauern degradiert.
Die Elite jedoch beklagt den Immobilismus der Allianz, deren
Ausdruck und Motor sie selbst ist. Das Gremium der Spitzenver-
treter bildet ein Bündnis im Bündnis, eine Koalition zweiten Gra-
des, die nun allein die Beschlüsse faßt. Zuerst hatte man alle zu-
sammengerufen, um kein Risiko einzugehen, am Ende trifft sich
ein kleine, exklusive Schar, deren Hauptrisiko kaum mehr der äußere Gegner ist, sondern der Unmut im eigenen Haus, die schwei-
gende Mehrheit in den eigenen Reihen.

Ideologische Nachbarschaft

Obgleich nur mehr die Steuerleute das Sagen haben, sollen alle
glauben, sie säßen in einem Boot. Will man sich verspätete und
nutzlose Appelle an eine fiktive Gemeinsamkeit ersparen, achten
Alliierte auf eine gewisse Vereinbarkeit der Weltbilder. Jede Partei schleppt das Gepäck ihrer Prinzipien und Überzeugungen in
das Bündnis hinein. Obwohl keineswegs alle Bündnisformen auf
ideologische Übereinstimmung angewiesen sind, tut man sich
leichter, wenn man unterstellen kann, der Partner sehe die Welt
ähnlich wie man selbst. Ideologische Nachbarschaft läßt manche
Meinungsverschiedenheit in Detailfragen verkraften.

Andererseits ist ideologischer Abstand kein Grund, attraktive
Chancen auszuschlagen. In der Not kennen auch Allianzen keine

Moral. Steht die eigene Existenz auf dem Spiel, scheuen nicht einmal die ärgsten Feinde vor einem antagonistischen Bündnis zurück. Winkt lohnende Beute, bilden sich unheilige Allianzen, die alle ideologischen Differenzen zurückstellen. Sogar Todfeinde können einander die Hand reichen, um an der Demarkationslinie die Welt unter sich aufzuteilen. Ohnehin nützt alle Prinzipientreue nichts, wenn sie sich nicht in Tagespolitik umsetzen läßt. Allianzen wirken hier mitunter recht heilsam. Sie nötigen die Moralapostel zu pragmatischen Kompromissen und zur Anerkennung des Realitätsprinzips. Die Wirklichkeit der Macht holt die Weltanschauungen auf den Boden der Tatsachen zurück.

Die Bedeutung der Ideologien wechselt mit der Selbstbindung der beteiligten Gruppen. Moralischer Rigorismus als Identitätsstütze führt meist ins Abseits. Mit Prinzipientreue ist keine handlungsfähige Allianz zu betreiben. Nicht minder riskant sind andererseits Opportunisten, die keinerlei innere Substanz erkennen lassen. Ihnen fehlt die Zuverlässigkeit, auf die Bündnisse im Ernstfall bauen müssen. Was kann dafür garantieren, daß der andere sich nicht davonmacht, sobald es brenzlig wird? Ein Verhältnis mit einem Opportunisten ist unersprießlich, weil jener nicht einmal ein Verhältnis zu sich selbst hat. Um glaubwürdig zu erscheinen, muß man daher eine Doppelstrategie verfolgen. Einerseits präsentiert man sich so, als habe man gewisse Grundüberzeugungen, die man auch immer standhaft verteidigen wird. Andererseits ist es zweckmäßig, einen dosierten Pragmatismus an den Tag zu legen, um überhaupt arbeiten zu können. Erst opportunistische Prinzipientreue macht den Partner kalkulierbar und die Koalition aktionsfähig.

Ideologische Beweglichkeit ist nicht zuletzt eine Frage der sozialen Homogenität. Bündnisse von Großkollektiven haben stets mit Fraktionen zu rechnen, die um die Auslegung des Koalitionsprogramms streiten. Radikale Flügelleute fordern eine härtere Gangart oder klagen die Parteigrundsätze gegen die Koalition ein. Vorteile scheinen hier kleine Kaderverbände mit hohem Zentralisationsgrad zu haben. Sie können kurzfristig Abkommen treffen und sich akuten Ereignissen anpassen. Weder für den Beitritt noch für den Austritt benötigen sie eine demokratische Legitimation. Je zentralisierter die Gruppe, desto rascher kann sie agieren.

Dem steht der Verhandlungsvorteil komplexer Verbände gegenüber. Innere Differenzierung gestattet eine dosierte Fühlungnahme mit dem künftigen Partner. Auf mittlerer Ebene kann man erste Kontakte knüpfen und diejenigen Flügelleute vorschicken, die dem künftigen Alliierten am nächsten stehen, bevor dann die Spitze offiziell die Verhandlungen aufnimmt. Oder man beschreitet den umgekehrten Weg und schickt jene Flügelleute vor, die dem Partner am fernsten stehen, um sie von Anfang an in das heikle Vorhaben einzubinden und innere Opposition schon im Ansatz zu ersticken. Keiner kann späterhin sagen, er habe nichts gewußt oder sei übergangen worden.

Während der Koalitionsarbeit läßt sich zwar die eigene Basis stets als Druckmittel ins Spiel bringen. Sie muß den Koalitionsvertrag ratifizieren und das Bündnis unterstützen. Doch ist dieses Drohmittel oft unzweckmäßig. Nicht Basisradikalität, sondern ideologischer Pluralismus eröffnet Kontaktlinien und Bündnischancen. Das geschlossene Weltbild der Kadertruppe macht immobil. Was sie durch Zentralisation an Tempo gewinnt, verliert sie durch intellektuelle Starrheit und politische Berührungsangst. Die Allerweltspartei dagegen erschließt mit ihrer ideologischen Diffusität zahlreiche Verbindungen, die ihre Unbeweglichkeit nahezu aufwiegen.

Je mehr die Ideologie das Bündnis bestimmt, desto kleiner sein Umfang. Große Koalitionen vertragen keine Aufladung mit Weltbildern und Prinzipien. Ihr Rahmen ist der gemeinsame Pragmatismus. Ideologische Bündnisse indes nehmen nur Gruppen mit Linientreue auf. Sie verengen den politischen Raum, indem sie seine Randpunkte möglichst eng nebeneinander setzen. So entstehen geschlossene Kleinkoalitionen, deren Mitglieder sich auf Tuchfühlung um die Bündnismitte scharen. Ihr hoher Integrationsgrad ist ein wichtiger Vorteil. Jeder Partner kann sich an die offizielle Koalitionspolitik anschmiegen. Je knapper die Bandbreite, desto näher die Mitte. Und je kleiner der ideologische Abstand, desto leichter können sich alle Beteiligten mit der Bündnispolitik identifizieren. Doch manchmal erlaubt der Dogmatismus nur so wenige Abweichungen, daß der Pakt auf eine Kernmannschaft von Überzeugten zusammenschrumpft.

Innerhalb der Koalition versucht jeder, zum Dreh- und Angelpunkt der Flügel zu werden. Ideologische Zentralität verschafft Definitionsmacht für die Bündnispolitik. Ähnlich der Zentralität im Kontaktnetz schlägt sie die Brücke zwischen den Ufern. Das Zentralkomitee balanciert die Divergenzen aus, mahnt zur Einigkeit, beschwört die Disziplin und versucht, den ideologischen Mittelwert zu fixieren, eine Aufgabe, die ständigen Ausgleich erfordert. Zieht nämlich der rechte Flügel, verschiebt sich das Zentrum nach rechts. Zieht der linke Flügel, rückt die Allianz nach links. Jeder will daher in die Mitte gelangen und zugleich rechte und linke Partner neben sich haben. Nur wenn man selbst in der Mitte steht, deckt sich die eigene Position mit derjenigen der Allianz.

Oft ist es eine kleine Gruppe, die diese Stellung erlangt. Sie ist beweglicher als die trägen Großkollektive an ihrer Seite. Zwar steht sie häufig im Geruch des Wankelmuts, in Wahrheit tut sie dasselbe wie die anderen. Auch diese wollen ihren Standpunkt zum gemeinsamen Mittelpunkt machen. Nur ist die Kerngruppe anpassungsfähiger, ja sie verkörpert geradezu den Geist der Koalition, wenn sie an allseitige Kompromißfähigkeit appelliert. Jenseits der Gruppenideologien sorgt sie dafür, daß die Allianz ihre eigene Ideologie entwickelt: die Ideologie der Ausgewogenheit, des Pragmatismus. Ständig wird die Parole wiederholt, nur an die Sache und niemals an Überzeugungen gebunden zu sein.

Gleichheit und Schutz

Ideologische Gemeinsamkeit schafft nur einen oberflächlichen Zusammenklang, einen Überbau für die Tagesgeschäfte. Was nützt alle programmatische Übereinstimmung, alle Überzeugung, alle Appelle an höhere Werte, wenn es zuletzt um die teuflischen Details geht? Der Beifall zur Sonntagsrede besagt nichts über die Koalitionsarbeit am Werktag. Soll die Allianz Bestand haben, benötigt sie mehr als den ideologischen Gleichklang. Verbündete, die künftigen Krisen wirksam vorbeugen wollen, achten deshalb auf die soziale Konsistenz der Koalition. Sie stellen die Gewinn- und Machtchancen zurück und verschieben ihre Aufmerksamkeit nach innen, von der Gegnerschaft zur Partnerschaft. Die soziale Entmischung, wie sie für Machtkoalitionen charakteristisch ist, wird schrittweise zurückgenommen. Vorrang hat nun die persönliche Verläßlichkeit, die Zusammengehörigkeit, die gute Zusammenarbeit.

Am einfachsten steigert man die Konsistenz durch eine Reduktion der Mitgliederzahl. Wenige Genossen erhöhen nicht nur den individuellen Beuteanteil, sie lassen sich auch einfacher steuern. Kleine Koalitionen sind überschaubar, Abweichungen sind rasch zu erkennen. Die Konsultation verläuft schnell, ohne hierarchische Umwege, Vorschläge werden umgehend bearbeitet, ohne daß sich einer übergangen fühlt. Dies steigert Motivation und Engagement ungemein. Während große Verbände oftmals in Passivität erstarren und ihre Machtpotentiale ungenutzt verfallen lassen, gleichen kompakte Bündnisse ihre Machtdefizite durch Beweglichkeit aus. Umgehend können sie alle Ressourcen mobilisieren und koordiniert einsetzen. Nach und nach entwickelt sich die Allianz zu einer verschworenen Gemeinschaft, zu der jedoch nur Zugang erhält, wer alle Prüfungen unbeschadet überstanden hat. Sie gewinnt ihre Stärke nicht durch die vollen Arsenale, welche die Mitglieder aufgefüllt haben, sondern durch die Konzentration des Engagements. Die Macht kleiner Koalitionen ist nicht Masse, sondern Klasse.

Konsistenz läßt sich auch durch Egalisierung erzielen Nichts hält in Friedenszeiten mehr zusammen als das Gefühl der Gleichheit. Sie vermeidet Rivalitäten und erschwert die Elitenbildung. Alle haben die gleichen Rechte und Pflichten, jeder hat die gleiche Vetomacht wie der andere. Im internen Verkehr gilt das Prinzip des Äquivalenztauschs: Gleiches gegen Gleiches. Unterschiede kompensiert man durch Ausgleichszahlungen. Keiner soll übervorteilt, benachteiligt, abgespeist werden. So vorteilhaft Gleichheit für den inneren Zusammenhalt ist, so kostspielig ist sie jedoch für den äußeren Konflikt. Gleiche Vetomacht droht den Verband kampfunfähig zu machen. In der Schlacht ist keine Zeit für lange Debatten. Und wenn alle gleich wichtig sind, ist jeder austauschbar. Da jeder für den anderen in die Bresche springen kann, ist keiner sicher, ob er tatsächlich gebraucht wird. Und schließlich muß die Gleichheit auch überwacht werden. Unterschiede müssen abgewehrt, Anzeichen von Ungleichheit unterdrückt werden. Dies übernehmen häufig besondere Wächter, die im Namen der Egalität jeden bedrängen und verfolgen, der sich Vorteile erschleichen oder einfach nur seine Selbständigkeit unter Beweis stellen will.

Egalitäre Bündnisse können manchmal auf Gleichheiten zurückgreifen, die ihnen die Gesellschaft bereitstellt. Organisation und Politik schaffen ja nicht nur vertikale Hierarchien, sondern auch horizontale Ähnlichkeiten. Die segmentale Arbeitsteilung erzeugt gleiche Berufe und Aufgaben, Zentralisation produziert gleiche Ohnmacht, und Hierarchien definieren Parallelpositionen auf gleicher Rangstufe Gleiche Ausbildung, ähnliche Qualifikationen, gleiche Rollen, gleiches Wissen und gleiche Überzeugungen führen die Menschen zusammen. So bahnt die Gesellschaft selbst die Wege zur Koalition. Man hält sich an Partner derselben Rangstufe, des gleichen Prestiges, der gleichen Herkunft, der gleichen Klasse. Nicht nur Eliten und Privilegierte, auch die Untergeordneten bleiben unter sich und orientieren sich an Ihresgleichen. Sich mit den Herren gemein zu machen, gilt als sozialer Verrat. Nach Überlegenheit zu streben und die Autorität nachzuäffen, verletzt die Gemeinschaft. Meinungsprofil bedroht die Konsistenz der Allianz.

Egalisierung kostet oft einen hohen Preis. Werden alle Unterschiede eingeebnet, entsteht eine perverse Gleichheit, die nur noch uniforme Anpassung duldet. Je rigider die Moral der Gleichheit, desto gefährdeter die Individualität. Eigensinn wird bestraft, Selbstdarstellung als Profilsucht verurteilt. Es kursieren Dolchstoßlegenden, Intrigen gegen Abweichler und Außenseiter, Anzeigen zum Ausschluß. Die Nivellierung schlägt auf den Verband selbst zurück. Sein starrer Konventionalismus, das Beharren auf etablierten Gemeinsamkeiten nur um der Gemeinsamkeit willen, all dies verhindert flexible Antworten auf wechselnde Begebenheiten. Denkverbote blockieren Kreativität und Originalität, Kontaktverbote betonieren das Bündnis in seinen eigenen Mauern ein. Gleichheitsgebote kosten Machtchancen, weil man keine Stärkeren duldet, die der Allianz entscheidende Vorsprünge verschaffen könnten.

Schutzbündnisse orientieren sich an einer anderen Wahlverwandtschaft. Sie fürchten um den Bestand ihrer selbst. Ihr Ziel ist weder Machtgewinn noch innere Einheit, sondern Schutz vor fremder Eroberung. Ihr Organisationsprinzip ist nicht Egalität, sondern Fraternität, nicht Treue, sondern Vertrauen, nicht Kongruenz, sondern Solidarität. Mit Sicherheitskoalitionen teilen sie die Aversion gegen Risiken. Ihre pessimistische Weltsicht rechnet stets mit dem Schlimmsten. Das Streben nach Garantien zielt nicht auf Übermacht oder vollständige Kontrolle. Alle erreichbaren Ressourcen horten zu wollen, ist der Schutzkoalition fremd. Sie rechnet sich nämlich gar keine Siegchancen aus. Sie will nur den Status quo verteidigen. Mühsam erkämpfte Besitzstände sollen gesichert, das eigene Revier abgeschirmt werden. Insoweit ist der Schutzbund das pure Gegenteil der Machtallianz. Während jene Eroberungszüge unternimmt und der Beute nachjagt, verschanzt sich der Bund in seiner Festung. Wie eine seßhafte Bürgerschaft wartet er dort den Angriff der Nomadenhorden ab.

Solidarität

Die schärfste Waffe gegen Angriffe ist Solidarität. Während der Diktator herrscht, indem er die Allianzen zerteilt, helfen die Genossen einander, indem sie ihre Güter untereinander teilen. Nicht Teilen und Herrschen, sondern Helfen und Teilen ist der Grundsatz der Brüderlichkeit. Wer nichts hat, bekommt von den anderen etwas ab. Wer etwas übrig hat, gibt es denen, die nichts haben. Ist einer in Gefahr, springen ihm die anderen zur Seite, liegt einer am Boden, richten die anderen ihn auf. Rückt der Gegner heran, warnt einer den anderen. Durchstöbern die Horden das Revier, versteckt man den anderen. Dabei bedeutet Solidarität weder Kollektivismus noch Altruismus. Weder wird das Selbst auf der Schädelstätte der Gleichheit geopfert noch wird es zum

Wohle der Gemeinschaft verschenkt. Brüderlichkeit ist ein Verhältnis auf Gegenseitigkeit. Heute ist es der eine, der die Hilfe erhält, morgen der andere. Dankbarkeit gleicht die Ungleichheit aus. Eigennutz ist damit durchaus verträglich. Die Gabe liegt im wohlverstandenen Eigeninteresse. Sie hält den Genossen an, sich alsbald erkenntlich zu zeigen. Diese dosierte Form der Egalität unterscheidet sich grundsätzlich vom forcierten Nivellement der egalitären Einheit. Hier wird nicht Gleiches mit Gleichem vergolten und Assimilation auch gegen Widerstreben durchgesetzt. Gleichheit ergibt sich vielmehr im Laufe der Zeit aus dem Wechsel der Bedürftigkeit. Dies läßt Platz für Individualität. Die gemeinsame Selbstbehauptung wäre ganz sinnlos, ginge sie auf Kosten des einzelnen. Man soll nicht gleich sein, sondern egalitär handeln. Die einzelnen schützen sich unter dem Schild der Allianz, und das Bündnis schützt sich, indem es jeden einzelnen beschützt.

Schutzbündnisse entstehen dort, wo die Gefahren am größten sind und man auf Gedeih und Verderb aufeinander angewiesen ist. Wo die Verantwortung hoch ist und brisante Gefahren entstehen, existieren Horte solidarischer Koalitionen. Hier wird Sonderwissen kultiviert und exklusiv gehalten. Gegen Übergriffe schützt man sich mit Informationssperren, die nur schwer zu durchlöchern sind. Nicht anders verfährt man bei sozialen Gefahren. Man stimmt sich ab und zieht diskrete Verbindungslinien, zu denen Fremde keinen Zutritt haben. Kameradschaften, die durch Dritte bedroht sind, verschwören sich zu einer Gemeinschaft. Die erzwungene Solidarität umfaßt keineswegs alle. Sie erstreckt sich nur auf den exklusiven Kern der Genossen. Außenstehenden wird nicht geholfen. Auch darin liegt die Differenz zwischen der Nächstenliebe und der strategischen Solidarität einer Schutzgemeinschaft.

Solidarität hat eine prinzipielle Grenze. Sie ist nur möglich, solange die Gefahr das Verhältnis nicht überwältigt hat. Wenn keiner mehr etwas hat, gibt es auch nichts zu teilen. Wenn alle am Boden liegen, kann keiner den anderen stützen. Besitzlose sind keine Brüder. Sie plündern, wessen sie habhaft werden können. Unwissende sind keine Genossen. Sie irren kopflos umher. Hilflose sind keine Verbündeten. Sie hocken stumm in der Ecke. Katastrophen erzeugen Panik, nicht Beistand. In Sackgassen ohne Notausgang schlagen die Menschen um sich. Brüderlichkeit erfordert Abstand zur Gefahr und Distanz zu sich selbst. Man kann sich gemeinsam nur schützen, solange die Mauer hält. Zerbricht sie, jagt es die Gruppe auseinander. Man kann dem anderen nur vertrauen, solange er sich selbst vertraut, solange sein Selbstbewußtsein noch intakt ist. Und man kann sich selbst nur erhalten, wenn man sich noch nicht verloren hat.

VI. Regeln und Programme

In strategischen Partnerschaften gilt häufig ein normativer Rahmen. Er legt fest, welche Verbindungen erlaubt oder verboten, akzeptabel oder illegitim sind. Er regelt die Kontakte und gibt vor, was gerecht ist, wie die Gewinne verrechnet und die Prämien zugeteilt werden sollen. Neben Normen prägen auch Gepflogenheiten das Handlungsfeld der Koalition. Auch Sitten und Gebräuche haben normative Kraft und sind oft durch Sanktionen gestützt. Wer einen Kontakt knüpft, der unter Tabu steht, muß mit Mißbilligung, Verachtung oder Strafe rechnen. Obwohl man miteinander könnte, darf man sich nicht zusammentun, geschweige denn zusammenbleiben. Will man sich trotzdem vereinen, muß man die hinderlichen Vorschriften und Gewohnheiten selbst zum Konfliktthema erklären.

In Diktaturen sind Allianzen generell untersagt. Das Verbot der Koalitions- und Versammlungsfreiheit soll undurchsichtige Gruppierungen und Ansammlungen unterbinden. Bündnisse gelten als Gefahr für die soziale und politische Ordnung. Wachsam verfolgen Machtgehilfen jede Annäherung, patrouillieren auf den Kanälen, stürmen die Versammlungsräume. Wer zusammen an der Ecke steht, kann immer etwas im Schilde führen. In seiner radikalsten Form erstreckt sich das Koalitionsverbot keineswegs nur auf Interessengruppen. Es betrifft jede Ansammlung. Erlaubt sind lediglich offizielle Aufmärsche des Betriebs, der Partei, des Staates. Daher beginnt die Koalitionsbildung häufig mit dem zunächst verdeckten, dann offenen Kampf gegen die erzwungene Vereinzelung. Vor allen weiteren Zielen muß die Allianz zuallererst ihre Zulassung, ihre Legalität und Legitimität erstreiten.

Koalitionsverbote drängen den Bund in den Untergrund. Wer sich vereinigen will, muß dies heimlich tun. So zählen oft schon geheime Kontakt als Akt des Widerstands, obwohl die Gruppe sonst gar nichts ausrichtet. So sehr sind die Genossen mit ihrer Tarnung beschäftigt, daß für die Außenwirkung weder Zeit noch Energie bleibt. Der Geheimbund wird zum Selbstzweck. Er entwirft Umsturzpläne, trifft vielerlei Schutzmaßnahmen, dichtet sein Dunkelfeld ab — und verliert mehr und mehr den Kontakt zur Realität. Die obskursten Aufstands- und Attentatspläne, die herrlichsten Träume und Utopien gedeihen im Arkanum, im Schatten der Tyrannis. Das Versammlungsverbot hat einen paradoxen Effekt. Die Verschwörer kämpfen lediglich um ihren Selbsterhalt, allenfalls noch um die offizielle Anerkennung ihres Bundes. Der Diktator dagegen verliert die Übersicht über seine Gegner und fürchtet sie deshalb um so mehr, obwohl sie in Wahrheit recht harmlos sind. Koalitionsfreiheit ist daher nicht nur ein Gebot der Liberalität, sondern auch der politischen Klugheit.

Ob Koalitionen überhaupt ins Blickfeld rücken, hängt nicht zuletzt von der sozialen Kultur ab. Wo die Tugend des Individualismus herrscht, kommt keiner auf die Idee, fremde Hilfe in Anspruch zu nehmen. Jeder ist gehalten, seine Angelegenheiten allein durchzufechten. Wer auf der Strecke bleibt, hat Pech gehabt, dafür aber seine Ehre gewahrt. Jedem ist die Verantwortung für sich selbst auferlegt. Sie auf fremde Schultern abzuwälzen, wäre charakterlos. Wer sich Spießgesellen anwirbt, die ihm den Rücken stärken, gilt als Feigling.

Stehen dagegen normative Konfliktverbote hoch im Kurs, verstoßen Koalitionen wider den Kult der Gemeinschaft. Harmonismus duldet keine strategische Zusammenarbeit. Wer mit Gleichgesinnten einen Vorteil sucht, stört die Friedhofsruhe und verletzt das Versammlungsverbot. Jeder soll jeden lieben, befiehlt der Ungeist der Gemeinschaft. Je mehr die Gruppe ihren Zerfall fürchtet, desto härter verfolgt sie den Störenfried. Unerbittlich setzt sie ihm nach, prügelt auf ihn ein, verstößt ihn aus ihrer Mitte. Indem sie ihre Gemeinschaft aktiv verteidigt, hebt sie aber ihr eigenes Verbot auf. Gegen den inneren Widersacher schließt sie selbst einen Pakt. Harmonismus forciert den Kampf für die Gemeinschaft und endet, da er jeden Konflikt unterdrücken will, im Terror.

Kaum weniger anrüchig sind Bündnisse, wo ideologische Rechtgläubigkeit regiert. Fremde Partner verwässern hier nur die eigene Position. Leichter hat man es, wenn Identität nicht mit Grundsatztreue verwechselt wird. Begrenzter Opportunismus ist hier durchaus statthaft. In all diesen Fällen definieren politische Gepflogenheiten und kulturelle Werte die Bündnischancen. Sie bezeichnen konstitutive Regeln der Koalition. Diese steuern die Beitrittsmodalitäten und die Zulassung der Allianz zum Konflikt. Föderationen müssen als Streitpartei bestätigt sein, damit sie als soziale Tatsache gelten können. Ein Gegner, der die Verbindung kurzerhand ignoriert, ein Publikum, das den Pakt für illegitim hält, bürdet der Koalition zusätzliche Beweislasten auf. Sie muß nun nachweisen, daß sie zu Recht besteht. Illegitime Bündnisse müssen sich selbst erklären und erst einmal Anerkennung finden. Demonstrationen von Macht sind dabei keineswegs unzweckmäßig. Sie zeigen den Umstehenden, daß man sich um die hergebrachten wenig schert und sich stark genug fühlt, neue zu setzen. Die Regeln werden nicht einfach reproduziert, sie werden selbst zum Streitthema im Machtprozeß.

Teilnahmerechte

Zu den Konstitutionsregeln gehören vor allem die Teilnahmerechte und Distanznormen. Nicht jeder ist als Bündnisgenosse zugelassen. Soll der Streit den Gruppenrahmen wahren, sind

Kontakte mit Fremden tabu. Im Innern mag man sich trefflich streiten und miteinander kungeln, nach außen zu gehen, gilt als Treulosigkeit. Man könnte ja Beifall von der falschen Seite ernten und einen Spaltpilz in die Gruppe tragen. Geschlossene Gruppen dulden zwar den Zank hinter verschlossenen Türen, aber keine Unterstützung von außen. Hier gerät jeder, der die Tür auch nur einen Spalt weit öffnet, in den Verdacht, die innere Einheit zerstören zu wollen. Die Exklusivitätsnormen, auf die sich die Gruppe stützt, umgrenzen das Konfliktfeld und bestimmen den Kreis möglicher Bündnispartner.

Es ist nur eine Variante dieser Ausschlußregel, wenn durch Status- und Rangdifferenzen Bündnisse untersagt bleiben, die weite Abstände überspringen. Allianzen sind nur innerhalb der Statusgruppe erlaubt. Wer sich nach oben orientiert, ist ein Kollaborateur, wer auf die Zustimmung unterer Ebenen erpicht ist, ergibt sich der Kumpanei. Koalitionen, welche die sozialen Grenzen überspringen, bedrohen das Positionsgefüge, unterminieren die Statushierarchie, die Stabilität der Eliten und die Gewohnheiten der Kollegialität.

Nicht anders verhält es sich in politischen Systemen, in denen immerzu die Gemeinsamkeit der Demokraten beschworen wird Die etablierten Parteien, die über Jahre mit wechselnder Besetzung die Macht monopolisiert haben, halten sich nur gegenseitig für koalitionsfähig. Neulinge und Außenseiter tragen von vornherein den Makel illegitimer Radikalität. Mit ihnen Kontakt aufzunehmen, mit ihnen Stillhalteabkommen zu vereinbaren oder gar die Regierungsposten zu teilen, kündigt den althergebrachten Konsens auf. Alte Parteien propagieren daher vehement den Ausschluß der Neulinge aus dem Machtspiel. Sie wollen den Neuen diskreditieren und mit dem Sack zugleich der Esel, den alten Widersacher treffen. Sie verteilen Noten in Demokratie und spielen sich als besorgte Hüter des Gemeinwesens auf. Doch verbirgt sich hinter aller normativen Verbrämung nur die wohlbekannte Strategie: eine mögliche Gegenkoalition zu verhindern, um selbst am Ruder zu bleiben.

Versprechen, Vorauszahlung, Verteilung

Konstitutive Regeln legen fest, ob Koalitionen zugelassen sind und wer sich zusammentun darf. Regulative Regeln hingegen bestimmen, wie man sich zu verbünden hat. Bei der Partnersuche ist keinesfalls alles erlaubt. Einen Kandidaten anzuschwärzen oder öffentlich zu denunzieren, gilt bisweilen als unlauterer Wettbewerb, zumal wenn sich der Denunziant anschließend selbst an den Denunzierten heranmacht. Allzu aggressive Abwerbekampagnen verstoßen gegen die guten Sitten, weil sie etwas versprechen, wovon alle wissen, daß es nicht zu halten ist. Neben Verleumdung und Demagogie sind es vor allem Korruption und Bestechung, die weithin Mißfallen erregen. Korruption ist ja nichts anderes, als einen Partner durch Vorauszahlungen geneigt und gefügig zu machen, obwohl die Beute noch gar nicht zu verteilen ist. Sie bindet den Nutznießer auf Gedeih und Verderb an den Spender und raubt ihm damit weitere Alternativen. Kommt nämlich alles heraus, fliegt er aus dem Machtspiel. Andererseits gerät auch der Wohltäter in eine riskante Lage. Der Beschenkte kann ihn gleichfalls bloßstellen und erpressen. Korruption ist ein Geschäft auf Gegenseitigkeit. Eine schmutzige Hand wäscht die andere. Beide Seiten sind zum Schweigen verpflichtet, damit niemand sieht, mit welch verbotenen Ketten sie aneinander gefesselt sind. Nichts verbindet mehr als das gemeinsame Verbrechen. Partnerschaften, die auf Korruption beruhen, brechen erst auseinander, wenn einer freies Geleit erhält oder als Kronzeuge ungestraft bleibt.

Verbindlichkeit kennzeichnet auch das Versprechen. Lange vor der Unterzeichnung eines Vertrages legen die Parteien fest, wem sie die Hand reichen wollen. Sie verpflichten sich zu einer Koalition, und zwar nicht nur vor dem Partner, sondern auch vor Gegnern und Publikum. Meist sind derartige Koalitionsversprechen an gewisse Bedingungen geknüpft, an einige Essentials, die auf jeden Fall ins Programm aufzunehmen sind.

Mit Versprechen bindet man sich selbst. Sie verpflichten zu Konsequenzen und markieren ein überprüfbares Kriterium der Glaubwürdigkeit. Aber je glaubhafter das Versprechen, desto geringer die Koalitionsfreiheit. Wer das Versprechen bricht, diskreditiert sich selbst und riskiert, nun auch von der Gegenseite abgelehnt zu werden. So entstehen mitunter bizarre Konstellationen. Alle weisen den Wortbrüchigen zurück, der enttäuschte Partner ebenso wie der erfreute Gegner. Der Opportunist steht allein, weil ihm der eigene Vorteil offenbar über alles geht. Gleichzeitig jedoch umwirbt man ihn insgeheim, weil ohne ihn nichts zu gewinnen ist. Es ist wie bei anderen sozialen Seitenwechseln. Sie bringen den Übeltäter in Verdacht, nicht nur einmal, sondern immer treulos zu sein. Bündniswechsel werden zur Charakterfrage. So ist das Dementi eines Versprechens stets eine aufwendige Veranstaltung. Denn im Grunde besiegelt ein Versprechen einen Pakt vor dem Pakt, ein Bündnis vor dem Bündnis. Das Versprechen ist selbst schon die Verbindung. Nach der Wahl noch über das Programm zu verhandeln, ist nur mehr Formsache. Damit will man dem Publikum vorspiegeln, daß noch nicht alles entschieden sei.

Sind die Verhandlungen in Gang, treten andere Normen in Kraft Jetzt geht es um die Standards, nach denen Erfolg und Mißerfolg Einsatz und Ertrag zu verrechnen sind. Die Regeln der distributiven Gerechtigkeit setzen die Maßstäbe für die Verteilung der

Beute, für die Gleichheit der Partner. Paritätsnormen verlangen von allen Verbündeten gleichen Einsatz. Dafür erhält jeder das Gleiche, ungeachtet der Ressourcen, die er zur Verfügung hat. Die formelle Gleichheit bevorzugt eindeutig den Schwächeren. Er bekommt so viel wie der Starke, obwohl er weniger geleistet hat. Mächtige setzen deswegen lieber auf Equity-Normen. Sie gebieten nämlich eine proportionale Gewinnverteilung. Wer mehr getan hat, soll auch mehr bekommen. Wer nichts beigetragen hat, erhält auch nichts. Und wer als Stärkster zum Wohle der Föderation alle seine Ressourcen mobilisiert hat, der soll auch entsprechend belohnt werden. Für die Wahl kleiner Partner gibt es mithin einen handfesten und normativen Grund. Je kleiner der Partner, desto weniger steht ihm zu, desto größer ist der eigene Anteil.

Koalitionen streiten daher auch über die Normen der paritätischen und proportionalen Gleichheit. Kompromisse sind indes ohne weiteres denkbar. Der Kleine bekommt etwas mehr, als er einbringt, der Große etwas weniger, als ihm von Hause aus zusteht. Doch je länger die Allianz besteht, desto eher pendelt sie sich auf die formelle Gleichheit ein. Gemeinsam hat man alle Kämpfe durchgestanden, die Partnerschaft hat sich bewährt, jeder hat Engagement und Einsatz gezeigt. Die anfänglichen Statusunterschiede wurden nach und nach eingeebnet, die persönlichen Bande gefestigt Erfolgreiche Allianzen haben ihr eigenes Gesetz. Die Ungleichheit tritt zurück. Gelungene Zusammenarbeit duldet keine Vormacht, bei der nur einer befiehlt und kassiert und der andere nur gehorcht und leer ausgeht. Der egalitäre Grundzug, der jeder dauerhaften Zusammenarbeit innewohnt, schlägt schließlich auch auf die Verteilung der Erträge durch. Dann bestätigt sich die gute Zusammenarbeit darin, daß jeder das Gleiche erhält wie der andere.

Koalitionen benötigen eine Sache, die sie verfolgen oder bewahren wollen. Sie werden durch Anlässe gestiftet und durch Pläne auf Dauer gestellt. Die thematische Aufgabe bindet die Aktivitäten aneinander und verleiht dem Bündnis ein sinnhaftes Zentrum. Daran bemißt sich, was wichtig und was zu vernachlässigen ist. Mit der Definition der Arbeit schaffen die Alliierten einen Fokus für ihr Tun.

Im Zentrum der Situation müssen jedoch keine ausführlichen Pläne oder Programme stehen. Seriellen Bündnissen reicht gewöhnlich ein äußerer Anlaß, um sich spontan zusammenzufinden. Verschwindet der Anlaß, zerfällt auch die Koalition. Umgekehrt brauchen Allianzen, die auf Gewohnheiten gründen, keine weiteren Anlässe oder Sachthemen mehr. Sie setzen nur fort, was sie schon immer getan haben. Einen expliziten Konsens über die Agenda verlangen nur Koalitionen, die aktuelle Anlässe überdauern wollen, ohne jedoch auf ein Reservoir gemeinsamer Gewohnheiten zurückgreifen zu können. Je geringer der äußere Druck ist, desto dringlicher die innere Übereinstimmung in der Sache.

In der Wahl ihrer Themen sind Koalitionen alles andere als frei. Offene Situationen ohne auferlegte Relevanzen sind die Ausnahme. Neben Regeln und Kanälen sind oft auch die Streitthemen und Essentials vorgegeben. Koalitionen sind zwar offene Systeme, aber sie agieren nur selten in offenen Situationen. Weil ihre Grenzen durchlässig, im Anfangsstadium geradezu porös sind, schlagen die Aktionen des Gegners häufig unmittelbar durch und überformen die Themenarbeit. Die Opposition bringt ein Thema auf, zu dem auch die Allianz sofort Stellung nehmen muß. Um hier Selbständigkeit zu gewinnen, muß das Bündnis seinen inneren Kern abpuffern, die Grenzen ein Stück weit abdichten und neue Themen selbst setzen. Themenarbeit heißt zuerst, sich äußerem Druck entgegenzustellen, vorgegebene Relevanzen umzubauen und eine eigene Sachposition zu entwickeln. Will eine Allianz nicht wechselnden Anlässen ausgeliefert bleiben, muß sie Zeit und Unabhängigkeit gewinnen. Obwohl von äußerem Druck zusammengedrängt, ist ihr erster Programmpunkt die Emanzipation von der Umwelt.

Gelegenheiten erzeugen Koalitionen, aber ebenso erschaffen sich Koalitionen ihre Gelegenheiten. Bündnisse ordnen selbst das soziale und kognitive Feld. Wer sich mit einem anderen zusammentut, sortiert automatisch die Situation nach Themen, die auch für den Partner von Bedeutung sind. Er betrachtet aus der Sicht des anderen die Lage. Eine Allianz besteht nicht erst, wenn alles klar ist, sie klärt vielmehr selbst die Situation. Koalitionen verringern selbst die Unwägbarkeiten. Ereignisse werden zu Anlässen erklärt und Nebensächlichkeiten abgedrängt. Gegner werden identifiziert und Partner ausgewählt. Berechenbarkeit ist eine notwendige Bedingung für eine stabile Allianz, doch das Bündnis erzeugt auch selbst Berechenbarkeit, einfach dadurch, daß es eine gewisse Zeit existiert.

Die Themen einer Koalition unterscheiden sich nach ihrer Dringlichkeit und Folgeträchtigkeit, nach ihrer Eindeutigkeit und Verbindlichkeit. Auf diese Aspekte beziehen sich die Methoden, mit denen die Themen der Allianz bearbeitet und die Situationen strategisch definiert werden. Damit organisieren die Partner ihre Zusammenarbeit und verschaffen sich Richtlinien des Handelns.

Dringlich sind Ereignisse, die nicht zu übersehen sind. Es muß etwas geschehen. Das Bündnis steht unter akutem Zugzwang. Meinungsverschiedenheiten müssen beiseite geschoben werden, sonst ist alles zu spät. Gefordert sind Tempo, Besonnenheit, Entschlußkraft. Häufig verkürzt sich der Horizont auf einen einzigen Punkt: Abwehr, Mobilisierung aller Kräfte, Aktion. Was essentiell ist, bestimmen nicht die Verbündeten, sondern die Krise. Unter Aktualitätsdruck gilt: Zusammenhalt um jeden Preis, ungeachtet aller Distanzen. Dringlichkeit erzwingt selbst Zusammenschluß und Zusammenhalt.

Dagegen hilft oft nur die Neutralisierung der Sachzwänge. Das Bündnis muß auf Zeit spielen und die Angelegenheit herabstufen. Um sachliche Alternativen geht es zunächst gar nicht, nur um Verzögerung oder Blockierung. Die Kommunikation wird unterbrochen, der Konflikt abgestoppt, die Krise eingefroren. Formelle Regeln werden gegen die überraschenden Maßnahmen in Anschlag gebracht. Nichts kann so eilig sein, daß es erprobte Verfahren über Bord werfen könnte. Die Aktenlage wird so lange erörtert, bis der Termin verstrichen ist. Alle Aspekte werden so ausgewalzt, daß jeder Entschluß als vorzeitig und sachwidrig erscheinen muß. Zeitgewinn ist hier oberstes Gebot. Tempo herausnehmen, lautet die Devise. Man schafft künstliche Unklarheiten, verzögert die Maßnahmen und erlangt damit Spielraum für eigene Vorschläge. Das Manöver ist freilich nicht ohne Probleme. Nachdem die Entscheidung erfolgreich blockiert ist, liegt es am Bündnis, irgendwann sein defensives Minimum zu verlassen und sachliche Alternativen zu präsentieren.

Nimmt der Außendruck ab, verschiebt sich die Dringlichkeit ins Koalitionssystem. Es muß nun sagen, was ihm selbst dringlich erscheint. Steht hinreichend Zeit zur Verfügung, gilt jetzt das gemächliche Prinzip des „first things first". Man sondiert, was jeder für dringlich hält, legt Reihenfolgen und Termine fest, vertagt die Nebensachen oder übergibt sie einem Ausschuß. Die interne Zeitpolitik operiert mit denselben Techniken der Dringlichkeit wie die Außenpolitik. Jeder versucht, seine Probleme in den Vordergrund zu schieben und die der anderen zurückzustellen. Man konstruiert Sachzwänge, dramatisiert den Entscheidungsdruck und bagatellisiert alles andere. Da auch Koalitionen nicht alles auf einmal anpacken können, gilt der Streit weniger dem Gehalt einer Sache als dem Zeitpunkt ihrer Behandlung. Im Vordergrund stehen akzeptable Fristen und Termine. Die eigenen Themen werden hochgespielt, um als erster an die Reihe zu kommen. Da keiner mit Sicherheit voraussagen kann, wie lange die lockeren Koalitionsbande halten werden, will jeder als erster in den Genuß seiner Ziele kommen. Um diesen Definitionskonflikt aufzulösen, gibt es eine einfache Methode. Jeder tut so, als käme später auch der andere an die Reihe. Man verspricht einander, eine Zeitlang beisammen zu bleiben, und erklärt schließlich nur jene Themen für dringlich, die sozial verträglich sind. Nicht die Erfordernisse dc Sache bestimmen, was sachgerecht ist, sondern der Handel um Zeit und soziale Gerechtigkeit.

Die Themen der Allianz werden nicht nur nach Dringlichkeiten klassifiziert, sondern auch nach ihrer Tragweite. Man beurteilt den Arbeits- und Zeitaufwand, die Erfolgs- und Gewinnchancen, die Folgen für Macht und Solidarität. Aussichtslose Vorhaben oder individuelle Steckenpferde werden vertagt, abgewiesen oder kurzerhand ignoriert, obwohl man damit die Teilnahme jener Partner riskiert, die mit hohem Engagement ihren Utopien und Illusionen anhängen. Am Ende dieser Abfilterung kommen stets jene Themen heraus, die sich die Allianz selbst als Ziele setzt.

Ziele sollen künftiges Handeln festlegen, sie sind Vorstellungen darüber, was man zusammen durchsetzen oder verhindern will, kurz: was als Resultat der Bündnispolitik herauskommen soll Diese Vorstellungen können für Koalitionen mehrere Funktionen erfüllen.

Erstens kann man mit Zielen seine Aktivitäten kognitiv ordnen Mit einem Ziel vor Augen gewinnt das Handeln Richtung und Orientierung. Zwischenschritte lassen sich planen, Reihenfolgen festlegen und Taktiken entwickeln. Wenn man weiß, was man will, kann man seine Ressourcen zusammensuchen und gemeinsame Handlungspfade entwerfen. Zweitens dienen Koalitionsziele auch zur Motivierung der Mitglieder. Sie binden die Partner aneinander, liefern ihnen eine ideologische Waffe, mit der sie die Gegenseite bezwingen und das umstehende Publikum begeistern können. Läuft einer erkennbar mit der Fahne voran, können sich andere einreihen. Drittens eignen sich Ziele auch zur Rechtfertigung dessen, was man bereits getan hat. Nachträglich erhalten Aktionen Sinn und Grund. Fordern Opposition oder Publikum rationales Handeln, so muß auch die Allianz Ziele nachweisen, um akzeptiert zu werden. Manchmal versorgt sie sich im nachhinein mit Zielen, um keinen Verdacht zu erregen. Die Kontrollfrage, weshalb man immerzu die Köpfe zusammensteckt, läßt sich am einfachsten kontern, wenn man ein Arbeitsziel parat hat, das sich allgemeiner Anerkennung erfreut. Schließlich kann man viertens mit Zielen auch die Effektivität der Bündnisarbeit bewerten. Ziele geben ein Kriterium für die Beurteilung des eigenen Tuns. Daß sich Koalitionen Ziele setzen, versteht sich also keineswegs von selbst. Nur wenn ein Bedarf nach kognitiver Ordnung, nach gegenseitiger Motivierung, nach Rechtfertigung oder nachträglicher Erfolgskontrolle besteht, suchen sie sich Themen, die sie als ihre Ziele proklamieren.

Ziele finden nur selten einhellige Zustimmung. Sowenig Organisationen einheitliche Ziele aufweisen, denen alle Mitglieder nachstreben, sowenig laufen alle Verbündete hinter einer Fahne her. Wie die dominante Koalition dem sozialen Feld seine Interessen aufprägt, so erklärt auch innerhalb der Allianz eine Machtgruppe ihre Vorstellungen zur Richtschnur. Andere Absichten und Wünsche werden mit Ausgleichszahlungen oder Extrazuwendungen abgetan. Eine Managementgruppe, die ihre Wachstumsziele umsetzen will, entschädigt skeptische Aktionäre mit einer Dividendengarantie. Der Stammbelegschaft, auf die sie bei ihren Plänen angewiesen ist, zahlt sie großzügige Prämien. Was für den einen ein Ziel ist, ist für den anderen häufig nur ein Kompensationsgeschäft. Gleichwohl erlangt das Bündnis auf diese Weise einen akzeptierten Handlungskurs.

Koalitionen sind hauptsächlich damit beschäftigt, sich den jeweiligen Umständen anzupassen, um angesichts fremder Bedrohung zu überleben. Stets verwenden sie einen Großteil ihrer Energie zur Sicherung ihrer selbst. Ziele sind daher nur opportun, sofern sie dem Fortbestand dienen. Sie stehen unter der Prämisse der Selbsterhaltung. Gerade weil Koalitionen immerzu feindlichen Manövern ausgesetzt sind, bleibt ihnen nichts anderes übrig, als die Ressourcen für die eigene Existenz einzusetzen. Diese Zielverschiebung ist unverkennbar. Anstatt ein Machtmittel für gemeinsame Ziele zu sein, wird die Koalition zum Ziel ihrer selbst.

Unklarheiten, Fiktionen

Die Themen und Ziele der Koalition sind selten eindeutig und klar. Unklarheiten entstehen nicht nur aus fehlenden Informationen, undurchsichtigen Technologien oder turbulenten Umwelten, sondern vor allem aus der Konfliktstellung. Die Absichten des Gegners sind oft schwer zu erkennen, ja, starke Gegner zeichnen sich gerade dadurch aus, daß man über ihre Absichten im unklaren bleibt. Allianzen kämpfen gegen eine Zone der Ungewißheit, die der Gegner fortwährend erzeugt und abschirmt, mit Finten und Täuschungsmanövern, Intrigen oder Spaltungsmaßnahmen. Und wenn die Gegenseite sogar selbst nicht recht weiß, was sie eigentlich will und wer ihr tatsächlich verbunden ist, kann auch die Koalition schwerlich abschätzen, was sie sich vornehmen soll.

Diffuse Konflikt- und Sachlagen erzeugen mitunter organisierte Anarchien. Anstatt konsistente Ziele zu verfolgen, wechseln Allianzen fortwährend ihre Domänen, um Raum für neue Interessen zu gewinnen. Sie löschen Themen aus und lassen sich auf neue ein, die fernab ihrer erklärten Ziele liegen. Die sozialen Kerne variieren von Fall zu Fall. Die einen scharen sich um die eine Sache, die anderen um eine andere. Die soziale Struktur gleicht einem Netz von Gummibändern, das sich zusammenzieht und wieder ausdehnt. Statt präzise Taktiken einzuschlagen, sammeln sich in der Arena der Koalition vielfältige Probleme, Lösungen, Beteiligte und Wahlmöglichkeiten, deren Kombination oft ganz zufällig ist. Fern davon, rational Probleme zu lösen, gleicht das Bündnis eher einer Mülltonne von Entschlüssen, die nach Problemen fahnden, von Meinungen, die nach Gelegenheiten Ausschau halten, von Lösungen, die nach Fragen forschen, von Verbündeten, die nach Arbeit suchen.

Was auf den ersten Blick jeder Rationalität zu entbehren scheint, ist in Wahrheit eine Bedingung des Überlebens. Unklarheiten bieten nämlich eine Reihe von Vorteilen: Zunächst gestatten sie kognitive Beweglichkeit. Vagheiten lassen Spielraum für Interpretationen. Vergangene und gegenwärtige Ereignisse können im Lichte einer vermuteten Zukunft umgedeutet werden. Wäre alles klar, so wäre auch die Zukunft absehbar und die Prognose relativ sicher. Wenn aber die Bedeutung aktueller Anlässe offen bleibt, lassen sich Geschichten nachträglich umschreiben. Darüber braucht man sich jetzt nicht zu einigen, heißt es in versammelter Runde. So erspart sich die Koalition die hohen Kosten akuter Kompromißzwänge.

Ferner sorgen Unklarheiten für die Kontinuität der Themenarbeit. Wenn alles entschieden und alle Ziele festgelegt sind, hat eine Koalition manchmal nicht mehr viel zu tun. Ist ihr Machtvorsprung uneinholbar und die Realisierung der Ziele nur mehr eine Formsache, verlieren dominante Koalitionen rasch an Schubkraft. Damit die Kräfte nicht erlahmen, braucht die Allianz neue Aufgaben. Solange Entscheidungen in der Schwebe bleiben und die Ziele noch zu konkretisieren sind, ist sie beschäftigt. Zusammenarbeit ist ein Prozeß der Abstimmung, weniger eine Sache gemeinsamer Ziele. So kann es leicht vorkommen, daß einzelne Verbündete die Ziele variabel halten, um die Kooperation auf Dauer zu stellen und um die Machtstellung, die ihnen die Allianz verschafft hat, zu bewahren.

Unklarheiten können zudem bei der sozialen Integration helfen. Nur wenn die Ziele vage bleiben, sind Kompromisse möglich, in die jede Seite ihre Interessen hineinlesen kann. Vielen Koalitionen ohne verbindliche Kollektivziele reicht der Konsens, an Kompromissen künftig basteln zu wollen. Obwohl Gegensätze unübersehbar sind, unterstellen sie Übereinstimmung in der Methode ihrer Aufhebung. Kongruenz in der Sache ist damit kaum zu erreichen. Aber alle auf einen strikten Plan einschwören zu wollen, würde das Netz zerreißen. Offene Ziele lassen die Systemgrenzen dagegen durchlässig, so daß weitere Partner hinzustoßen und die Koalitionsbasis erweitern können. Unklarheit scheint eine wesentliche Bedingung für die Versammlung aller Kräfte zu sein. Solange man sich im Ungefähren bewegt, können alle denken, sie seien auf der richtigen Seite.

Unklare Vorhaben vermeiden schließlich auch rigide Urteile über die Koalitionspolitik. Die Effektivität programmgemäß überprüfen zu wollen, ist für unterlegene Allianzen der sichere Tod. Mit vagen Erfolgskriterien dagegen lassen sich Rückschläge und Mißerfolge leichter zu Teilfortschritten umdeuten. Man kann beisammen bleiben, obwohl bisher nicht viel herausgekommen ist. Man hat Zeit für neue Anläufe und Aktionen, kann bescheidene

Gewinne als große Siege verbuchen und sich weiterhin aneinander festhalten. Von Anbeginn einen präzisen Weg vorzuzeichnen, setzt die Allianz frühzeitig unter massiven und ruinösen Erfolgsdruck. So tun Koalitionen oft gut daran, sich nicht allzuviel vorzunehmen.

Dennoch benötigen Bündnisse ein Mindestmaß an Verbindlichkeiten. Arbeit läßt sich nicht organisieren, wenn nichts zu bearbeiten ist. Auch wenn nicht absehbar ist, wohin alles führen soll, muß man wenigstens so tun, als wüßte jeder, worauf es ankommt und was er zu tun hat. Dieser Arbeitskonsens ist reine Fiktion, aber eine überaus wirksame Fiktion. Denn sobald jeder tatsächlich daran glaubt, kann jeder mit seiner Arbeit beginnen. Der fiktive Arbeitskonsens verlangt keine positive Verständigung. Damit sich die Verbündeten vertragen, müssen sie lediglich glauben, daß ihre Vorstellungen miteinander verträglich seien. Die Übereinstimmung ist vornehmlich negativ, sie schließt nur grundsätzliche Divergenzen aus. Koalitionen sind nämlich bereits arbeitsfähig, sobald allzu strittige Themen beiseite geräumt sind und der Zündstoff sicher verwahrt ist. So baut man die Themenbereiche um und erklärt das zur gemeinsamen Aufgabe, was keine Verstimmung hervorruft. Man testet gegenseitig ab, was jedem am Herzen liegt, stuft individuelle Essentials herunter, spaltet Themen auf, schiebt belanglose Vorhaben nach vorn. Vieles wandert so auf Nimmerwiedersehen in den Papierkorb. Wovon einer trotzdem nicht lassen will, wird der Zukunft anvertraut. Was bei dieser Themenauslese übrig bleibt, gilt hinfort als Programm der Koalition. Es umfaßt all die Tatbestände, Aufgaben und Ziele, die keine Zwietracht säen.

Alle Sprengsätze zu entschärfen wäre eine aufwendige und gefährliche Arbeit. Die Themen zu Beginn allzu demokratisch auswählen zu wollen, ist allemal inopportun. Wenn alles gleich bedeutsam ist, muß auch das Abwegigste besprochen werden. Wenn alles gesagt wird, muß fortwährend begründet werden, was nicht weiter der Rede wert ist. Und wer einmal zu Wort gekommen ist, läßt sich schwerlich damit abspeisen, seine Ansprüche seien völlig unvertretbar. All dies kostet erhebliche Geduld und Überredungskraft. Verbindlichkeiten lassen sich so kaum erzielen. Koalitionen kürzen daher die Programmauslese häufig durch eine einfache Technik ab. Sie starten durch und flüchten nach vorn. Verbindlich ist das, was dringlich ist. Sie beginnen mit irgendeiner Sache, hinter der alle stehen können. Auch an vollkommen Nebensächlichem kann man erst einmal arbeiten. Weiteres ergibt sich dann von selbst. Einfach mit der Arbeit anzufangen, erspart lästige Kontroversen. Ist man nämlich erst einmal mit einer Sache beschäftigt, sind automatisch andere Themen ausgeschlossen. Was gerade akzeptabel ist, wird gemacht; und was gemacht wird, ist deswegen akzeptabel. Verbindlich wird somit nicht das, was man mit viel Mühe ausgesucht hat, verbindlich wird etwas dadurch, daß man es tut.

Auf mittlere Sicht muß sich die Koalition allerdings wieder nach außen wenden. Nachdem der Anfangspunkt passiert ist, stellt sich unweigerlich die Frage, womit es weitergehen und ob man sich weiterhin mit Nebensachen aufhalten soll. War die erste Testarbeit ein Fehlschlag, dürften die Bäume kaum in den Himmel wachsen. Brachte sie indes etwas ein, kann man sich größere Projekte vornehmen. Erst nachdem die Anfangsgewinne gesichert und das Startkapital aufgestockt ist, können striktere Verbindlichkeiten eingegangen werden. Nun definieren Bündnisse strategische Essentials. Im Unterschied zu den vagen, oftmals zufälligen Vorhaben der Anfangsphase sind Essentials Handlungsziele von höchstem Geltungsgrad. An sie heftet sich das Selbstverständnis der Allianz. Essentials ketten die Verbündeten aneinander und grenzen sie dauerhaft nach außen ab. Sie umreißen einen Rahmen der

Zugehörigkeit und Loyalität. An ihnen wird der sachliche Ertrag der Bündnisarbeit abgelesen und der Einsatz der Partner gemessen. Obwohl auch Essentials im Wechsel der Situationen häufig bis zur Unkenntlichkeit umgedeutet werden müssen, kann vorläufig jeder so tun, als ziehe jeder am selben Strang.

VII. Gefahren

Koalitionen stehen auf unsicherem Grund. Ihnen fehlt zunächst der emotionale Zement und das stabile Positionsgefüge formaler Organisation. Weder auf Gefühlen noch auf Regeln können sie ihre Mauern errichten. Die Fenster und Türen sind weit geöffnet, Zuschauer beäugen aufmerksam die Fassadenkünste der Legitimation, Gegner suchen nach Rissen und Spalten im Mauerwerk. Mehr als andere soziale Gebilde sind Koalitionen chronisch vom Zerfall bedroht und daher zur Reparatur ihrer selbst gezwungen.

Ein doppelter Druck lastet auf der Allianz. Einerseits stellt die Umwelt Bündnisse vor wechselnde Sachlagen und überraschende Ereignisse. Neue Rivalen treten auf, Widersacher wollen das Kräfteverhältnis zu ihren Gunsten verschieben, das Publikum, das eine Zeitlang in Neutralität verharrt war, kann sich plötzlich einer Seite anschließen. Darauf müssen Koalitionen antworten. Ihre Außenpolitik hat es keineswegs nur mit einem einzigen Gegner zu tun. Das gesamte Machtfeld will beachtet und nach Gefahren abgesucht werden. Entwicklungen müssen frühzeitig erkannt werden, um sie parieren zu können.

Andererseits sind es innere Verwerfungen, die das Bündnisgefüge aufbrechen. Machtverschiebungen bedrohen die soziale Gleichheit, Einheitszwänge unterdrücken Identität und Wünsche nach Unabhängigkeit. Die Arbeitsteilung spaltet den Zusammenhalt, Fraktionsbildung zersprengt die Solidarität. Niederlagen und Mißerfolge lassen am Sinn der Zusammenarbeit zweifeln, allzu rasche Erfolge verbrauchen das Reservoir an Gemeinsamkeiten. Ist alles erreicht, ist der Pakt überflüssig. Neben externen treffen Koalitionen daher auch interne Vorkehrungen für ihren Fortbestand. Außen- und Innenpolitik hängen aufs engste zusammen. Äußere Schadensabwehr kann im Innern neue Gefahren heraufbeschwören, die nun ihrerseits zusätzliche Maßnahmen erfordern. Um nach außen handlungsfähig zu bleiben, zentralisieren Bündnisse oftmals die Entscheidungsautorität und zerstören damit die innere Solidarität. Um brachliegende Ressourcen nicht zu verschenken, installieren sie umgekehrt so aufwendige Beteiligungsverfahren, daß die Allianz den Tempovorteil der Opposition nicht mehr aufzuholen vermag. Der Vorwurf vermeintlicher Untätigkeit zehrt immer am Ansehen einer Koalition. So geraten Allianzen bisweilen in einen Teufelskreis von Gefahren, Maßnahmen, neuen Gefahren. Da sie unter den Auspizien von Macht und Ohnmacht operieren, wird Selbsterhaltung ihr erstes Gebot. Nicht das politische Ziel, die Sicherung ihrer selbst ist nun die erste Aufgabe. Der Erhalt der Macht hat nun Vorrang vor jedem anderen Interesse.

Manches Unheil kommt auf leisen Sohlen. Solange es mit den Geschäften wie gewohnt vorangeht, ist anscheinend nichts zu befürchten. Wenn aber die Erfolge ausbleiben, ist es meist schon zu spät. Längst hat sich eine geräuschlose Erosion vollzogen, die unbemerkt den Grund der Partnerschaft unterhöhlt hat. Es sind meist keine einmaligen Unfälle oder hochdramatische Begebenheiten, die eine Koalition zerstören. Oft sind es stille Prozesse, die lange unbeachtet bleiben, verdrängt oder verleugnet werden, und die dadurch um so größere Zerstörungskraft entwickeln. Dabei sind nicht alle Bündnisformen gleichermaßen anfällig. Zweckbündnisse können ideologische Divergenzen recht gut verkraften. Reine Machtbündnisse vertragen mehr Ungewißheiten als Schutzbündnisse. Spontane Koalitionen ohne Apparat haben gar keine Arbeitsprobleme zu beheben. Sie lösen sich auf, bevor die Arbeit beginnt. Homogene Allianzen ertragen Entfremdung oder ideologische Differenzen weit weniger. Was eine Gefahr ist, bemißt sich daher nicht nur an dem, was eine Allianz als Gefahr registriert, sondern zuerst an ihrer Konstitution, an dem, was sie in ihrem Innersten zusammenhält.

Zahllose Gefahren umlauern das Bündnis. Doch ist es in seiner Existenz, in seinem Überleben erst dann bedroht, wenn die Alliierten die Orientierung und Zielrichtung verlieren, wenn die Solidarität unterminiert und die Selbständigkeit zerstört werden oder wenn die Zusammenarbeit ihren Sinn einbüßt, weil Aufgaben verschwinden und Erfolge ausbleiben. Ungewißheit, Ungleichheit, Unfreiheit, Entfremdung und Sinnverlust sind die Kardinalprobleme von Koalitionen.

Ungewißheiten

Sicherheit verschafft Orientierung, Ungewißheit erzeugt Ratlosigkeit, Unentschlossenheit, Angst. Für Koalitionen jedoch ist Handlungsfähigkeit unabdingbar. Als politische Konfliktparteien sind sie Angriffen ausgesetzt und können jederzeit übervorteilt oder niedergestreckt werden. Orientierungskrisen treffen sie deshalb härter als soziale Gebilde, deren Grenzen undurchlässiger sind und die nicht inmitten eines Konfliktfelds stehen. Undurchsichtige Situationen blockieren die Kalkulationen und das strategische Handeln, überraschende Gegenmanöver erhöhen die Verletzbarkeit. Ungeachtet anderer Ziele haben Koalitionen daher stets ein ausgeprägtes Interesse an stabilen Umwelten. Um ihre Arbeit planen und ihre Bataillone wirksam einsetzen zu können, benötigen sie berechenbare Umstände. Dieser heimliche Konservativismus ist ein Grundzug offener Systeme, die in Machtkämpfe verstrickt sind, und zwar unabhängig davon, welche ideologischen Neigungen und Ziele eine Allianz sonst noch aufweist.

Ungewißheit ergibt sich zunächst aus der Unvollständigkeit der Koalitionsmacht. Auch dominante Allianzen, die ihr Machtfeld weitgehend unter Kontrolle haben, sind nicht vor Intransparenzen gefeit. Was der Gegner im Schilde führt, ist schwer vorauszusagen. Welche Trümpfe er in der Hinterhand hält, läßt sich kaum feststellen. Dagegen hilft entweder Spionage oder die öffentliche Aufforderung, alle Karten auf den Tisch zu legen. Unwägbar sind ferner die sozialen Verflechtungen. Bündnisse stehen vor einem Publikum, dessen Wankelmut sprichwörtlich ist. Bleibt es neutral, schenkt es seine Sympathie der Opposition oder unterstützt es die Allianz? Wie kann man es beschwichtigen oder für die Koalition einnehmen? Welche Verbindungen bestehen zwischen den Neutralen und der Gegenseite? Je komplexer das Machtfeld, desto mehr Ungewißheiten machen der Allianz zu schaffen. Daher ihr Interesse an starken Gegnern und klaren Fronten. Ein konzentriertes Heer von Angreifern ist leichter aufzureiben als eine Unzahl kleiner Trupps, die hier und da auftauchen, ein Scharmützel liefern, sogleich wieder verschwinden und so die eigenen Kräfte aufsplittern und auf Dauer zermürben.

Eine weitere Quelle der Ungewißheit ist die Evolution der Umwelt. Damit sind alle Parteien gleichermaßen konfrontiert. Neue Probleme kommen auf, neue Sachlagen zwingen zu Entscheidungen. Bekanntlich gehört es zur Kunst der Machtpolitik, wechselnde Umstände auszunutzen und vor dem Gegner neue Themen zu besetzen, auch wenn sie mit den ursprünglichen Absichten gar nichts zu tun haben. Man muß lästige und unproduktive Routinen über Bord werfen, um durch Wandel überleben zu können. Unruhige und turbulente Umwelten erschüttern das Gefüge der Gewißheiten, ohne daß der Gegner die Hand im Spiel hätte. Obwohl die Ursachen und Wirkungen unübersichtlich und die Handlungsfolgen kaum zu kalkulieren sind, muß man handeln, häufig auf bloßen Verdacht. Oft ist es besser, überhaupt etwas zu tun als nichts zu tun. Kluge Bündnispolitik betreibt daher nicht nur Gegnerspionage, sie unterhält auch Außenstäbe, deren Antennen jederzeit die Entwicklungen der Umwelt aufzeichnen.

Unberechenbar ist bisweilen auch der Verbündete. Zwar verbinden Gefahren und gemeinsame Bedürfnisse. Doch auf keine Partnerschaft ist weniger Verlaß als auf diejenige, die vorwiegend auf strategischen Interessen beruht. Freiwillig bleibt der andere nur solange dabei, wie es ihm nützt. Vertrauen kann man allenfalls seinem Egoismus und seiner Beutegier. Hält er im Ernstfall den Pressionen stand, ergreift er die Flucht oder läuft er über? Will man Bündnisse nicht in einen Kerker der Disziplin verwandeln, kann man ihn schwerlich daran hindern, anderen Verpflichtungen nachzukommen und seine Außenkontakte zu pflegen. Alliierter zu sein, ist nur eine Rolle unter anderen. Immer steht der Partner mit einem Bein außerhalb der Partnerschaft. Die doppelte Kontingenz jeder Sozialität, die unhintergehbare Freiheit des anderen, etwas anderes zu tun, als vereinbart und versprochen wurde, ist eine unerschöpfliche Quelle der Unsicherheit.

Ungewißheiten zerstören Allianzen nicht sofort. Bevor die Partner den Kopf verlieren, behelfen sie sich mit Wohlvertrautem. Unsicherheit erzeugt Angst, und Angst bewirkt rituelles Verhalten oder Dogmatismus. Es ist nicht so sehr die zeitweilige Desorientierung, die das Bündnis zerstört, sondern das starrsinnige Festhalten an überlebten Strukturen und Vorstellungen. Anstatt die Informationskapazität auszubauen, neue Kanäle einzurichten und Flexibilität zur Regel zu machen, reagieren Koalitionen auf zunehmende Turbulenzen vielfach mit der Propagierung übergeordneter Werte, an die sie sich klammern können. Die Politik der Werte soll eine Leitlinie markieren, wenn der weitere Verlauf der Ereignisse unabsehbar ist. Wankelmütige werden auf unerfüllbare Utopien eingeschworen, auf ein fiktives Gemeinwohl, auf ein Ideal der Menschheit oder Menschlichkeit. So sollen unklare Situationen durch rigorose Normierung eingefroren und durch Illusionen übertüncht werden. Kognitive Unsicherheit ist eine Geburtsstätte des Moralismus. Orientierungskrisen fördern Immobilismus und Ignoranz. Aber dies ist das Gegenteil dessen, was tatsächlich nötig wäre. Die Koalition gerät in eine paradoxe Situation. Sie stellt strikte Leitwerte auf, die sich im Wandel der Situationen nie und nimmer einhalten lassen. Sie zerstört ihre Handlungsfähigkeit, indem sie sich selbst festlegt. Die rigorose Identität erlaubt keine Anpassung mehr, keinen taktischen Opportunismus, keine Strategie des Überlebens.

Ungleichheit

Ungewißheiten können Koalitionen nicht nur lähmen, sie können auch die Gleichheit unterhöhlen. Finden sich erfahrene Experten, die Unklarheiten rasch aufklären, beherzte Draufgänger, welche die Risiken einfach beiseite fegen, so ist der Grundstein der Ungleichheit gelegt. Kontrollmonopole über Gefahren sind auch in Allianzen eine Startrampe für Machtgewinn. Was das Bündnis dadurch an Aktionsfähigkeit zurückgewinnt, büßt es an Gemeinsamkeit ein. Das beruhigende Gefühl der Egalität schwindet. Damit verliert die Allianz ein wesentliches Bindemittel. Ungleichheit untergräbt die Zusammenarbeit und markiert Gegensätze, die sich zu Antagonismen entwickeln können. Die Macht, gegen die man sich zusammengetan hat, kehrt unter den Alliierten in neuem Gewande wieder.

Ungleichheit hat mehrere Ursachen: die Unersetzbarkeit einzelner Ressourcen, ideologische und kommunikative Zentralität und die Ausbeutung des Partners. Unersetzbarkeiten erzeugen eine Rangordnung des Gehorsams. Auf wen, sei es wegen seines Wissens, seiner Erfahrung, seiner Finesse oder seiner Drohmittel, nicht verzichtet werden kann, der kann die anderen in Abhängigkeit halten und Fügsamkeit erzwingen. Schon die Andeutung, er könne seine Bataillone abziehen, genügt, um die anderen zur Koalitionsraison zu rufen. Er kann die Richtlinien der Bündnispolitik bestimmen und seine Sonderinteressen durchsetzen. Im Extremfall werden die anderen zu Zuschauern degradiert, die ehrfürchtig seiner solistischen Außenpolitik zu applaudieren haben. Auch wenn er sie hin und wieder konsultiert und ihnen großzügig Mitsprache gewährt, müssen sie letztlich tun, was er will. Allerdings hängt die Macht der Unersetzbarkeit davon ab, wie groß der Abstand zur Gegenseite ist. Großmächte in einem Patt benötigen kleinere Partner dringend. Wenn es auf jede Stimme, auf jeden Soldaten, auf jede Arbeitskraft ankommt, ist auch die Supermacht auf kleine Hilfstruppen angewiesen. Je größer jedoch der Abstand zum Gegner, desto größer die Ungleichheit innerhalb der Koalition. Je überlegener das Bündnis nach außen ist, desto überlegener ist auch die stärkste Partei in seiner Mitte.

Zentralität im Kommunikationsnetz oder im ideologischen Spektrum verleiht uneinholbare Privilegien bei Entscheidungen. Zentrale Figuren fassen die peripheren Aktivitäten zusammen und lenken sie nach außen. Sie allein bewerten, was geht und was nicht. Bei ihnen konzentrieren sich Initiative, Kontrolle und Bewertung. Wer in der Mitte sitzt, kann Verbindungen schaffen und unterbrechen. Er kann seine Flügelleute auseinanderhalten, aber ebenso die Gruppen ins eigene Schlepptau nehmen. Er ist die Stelle der inneren Befriedung, des Kompromisses und der externen Vertretung. Dafür zahlen die Verbündeten mit abgestufter Ungleichheit. Je weiter einer vom Zentrum entfernt ist, desto geringer sein Einfluß. Die Kehrseite der Zentralität ist Marginalität. Ohne Peripherie kein Zentrum, ohne Seitenflügel kein Drehpunkt. Eine gewisse Duldung der Extreme liegt daher ganz im Interesse der Mitte. Utopisten in den eigenen Reihen liefern das willkommene Zerrbild, an dem das Zentrum seinen Realismus, seine Ausgewogenheit, seine Unverzichtbarkeit beweisen kann.

Gäbe es keine Radikalen in die Schranken zu weisen, verlöre es den Nimbus, Garant des Ganzen zu sein. Zentristen verstärken deshalb hin und wieder die Flügel, nicht nur, um sie gegeneinander auszuspielen, sondern auch, um sich selbst als entschiedene Schlichter in Szene zu setzen.

Endgültig zerstört wird die Gleichheit durch Ausbeutung. Die einen tun mehr als die anderen und erhalten dennoch weniger. Manche tun gar nichts und streichen trotzdem den Großteil der Beute ein. Viele arbeiten bis zum Umfallen und haben gleichwohl nichts zu sagen. Spätestens bei der Verteilung der Gewinne entscheidet sich, wessen Arbeit belohnt wird. Ganz im Belieben der Allianz steht diese Bewertung freilich nicht. Es hängt vielmehr vom Wandel der Umwelt ab, wessen Ressourcen geschätzt und wessen Arbeit abgewertet wird. Der Fortgang der Politik entscheidet über den Wert der Trümpfe und Leistungen. Umfangreiche Sachkenntnisse begründen keinen Honoraranspruch, wenn Drohmittel anderer den Ausschlag gegeben haben. Gründliche Arbeit bringt nichts ein, wenn der geniale Schachzug eines Strategen den Sieg eingebracht hat. Die Verbindlichkeit der Gleichheits- und Gerechtigkeitsnormen wird durch den Verlauf der Geschichte immer wieder revidiert. Obwohl die Partner ihre Aufwendungen und Erträge vergleichen, hat die Ausbeutung ihre Legitimation im Erfolg. Wer mit geringstem Aufwand den Sieg garantiert, erwirbt mehr Rechte als alle anderen, die gewissenhaft ihre Arbeit verrichten. Ausgleichszahlungen sind dafür nur ein spärlicher Ersatz. Sie prämieren nicht die geleistete Zusammenarbeit, sondern nur die Tatsache, daß man zufällig zur rechten Zeit auf der richtigen Seite war.

Unfreiheit

Das dritte Dauerproblem von Koalitionen ist die Selbständigkeit der verbündeten Parteien. Zwar bleiben Koalitionen überzogene Ansprüche an emotionale Geschlossenheit erspart. Doch je stärker der externe Druck, je rigider die Konsensregeln und Einheitszwänge werden, desto bedrohter sind Freiheit und Identität. Nicht Heterogenität zerstört hier die soziale Einheit, sondern der Verlust der Identität. Der kleine Partner wird vom größeren aufgesogen. Eigene Vorstellungen werden bis zur Unkenntlichkeit entstellt. Im Getriebe der Alltagsgeschäfte gehen die Besonderheiten unter, und das Publikum hat zusehends Schwierigkeiten, die Allerweltsparteien auseinanderzuhalten. Was auf wessen Konto geht, wem Schuld und Verdienst zukommen, wer welches Profil hat, dies verschwindet unter dem Mantel der Gemeinsamkeit, der alle Differenzen umhüllt.

Einheitszwänge nivellieren die Unterschiede und Abstände. Aber ohne Distanz fehlt die Chance, sich selbst mit fremden Augen zu sehen und ein Selbstbild zu skizzieren. Ohne Abstand zur Situation lassen sich keine Alternativen entwerfen. Ohne ideologischen Dissens ist es unmöglich, ein eigenständiges Profil zu entwickeln. Darauf ist die erfolgreiche Zusammenarbeit jedoch dringend angewiesen. Vertrauen ist ja nur gerechtfertigt, wenn es einem selbständigen Partner gelten kann. Auf Opportunisten, die immer mit den Wölfen heulen, ist ebensowenig Verlaß wie auf devote Assistenten, die nur tun, was man ihnen sagt. Gerade die strategische Assoziation benötigt selbständige Parteien, denen auch im Ernstfall zu trauen ist. Dem anderen mit Dauerkontrollen die Freiheit zu nehmen, ruiniert nur seine Einsatzbereitschaft, provoziert heimlichem Widerstand und treibt ihn letztlich dem Gegner in die Arme.

Einheitszwänge entstehen von innen und außen. Nimmt der externe Druck zu, weil der Machtvorsprung schmilzt oder sich unbewältigte Sachprobleme auftürmen, verdichtet sich der Zusammenhang. Gleichsam mechanisch steigert Außendruck den Binnendruck der Koalition. Die Spielräume verengen sich, alle müssen jetzt zusammenhalten. Die Übermacht des Gegners schlägt auf das Binnenverhältnis unmittelbar durch. Im Friedenszustand können Alliierte in einem unentschiedenen Zustand verharren und ihre Profile zeichnen; der Krieg duldet keine Verzagtheit und Eigenmächtigkeit. Sich da noch vom Partner absetzen zu wollen, reißt die Frontlinie auf und öffnet den Eindringlingen Tür und Tor.

Wegen akuter Überlebensgefahr zeitweilig auf den eigenen Willen verzichten zu müssen, läßt sich notfalls verschmerzen. Wenige akzeptabel sind hingegen diejenigen Zwänge, die Bündnisse ihren Mitgliedern selbst auferlegen. Verfestigt sich der fiktive Arbeitskonsens zu einer allgemeinen Konsensregel, hat jeder zuzustimmen. Konsenszwänge, die meist von mächtigen Wortführern durchgesetzt werden, erbringen nur widerwillige Fügsamkeit. Die Einstimmigkeit ist bloßer Schein. Oftmals ist es dem gemeinsamen Vorhaben zuträglicher, einen Beschluß mit einfacher Mehrheit zu fällen, als von allen Beifall zu fordern. Minderheiten, die notorisch um ihr Profil besorgt zu sein pflegen, können so wenigstens bei ihrer Meinung bleiben und müssen keine Grundsätze aufgeben. Kaum weniger fatal sind jedoch auch Kompromißzwänge, die man keiner Machtelite anlasten kann. Der vielgerühmte Vorzug demokratischer Verfahren, Extreme qua Verhandlung zu neutralisieren, schlägt dort zu ihrem Nachteil aus, wo die Konturen unscharf werden oder ganz verschwinden. Wenn im Namen der Einheit nur noch das kollektive Minimum zu erreichen ist, verliert die Koalition Identität und Profil.

Wer jetzt noch Charakter zeigen will, muß sich nicht nur von seinem Partner, sondern von der Allianz insgesamt absetzen.

Auch das Prinzip des demokratischen Zentralismus, das von elitären Kaderparteien und Massenorganisationen gleichermaßen praktiziert wird, beschneidet die Freiheit. Zunächst läßt die Spitze die Meinungsvielfalt zu Wort kommen, anschließend wird entschieden, und jeder, auch die innere Opposition, ist gehalten, wider die eigene Überzeugung den Entschluß zu vertreten. Die Darstellungen zeigen allerdings wenig Glaubwürdigkeit. Die Redner sollen sich mit Positionen identifizieren, die sie Stunden zuvor noch heftig bekämpft hatten. Vollends unerträglich wird es schließlich, sobald Koalitionen neben einheitlicher Außendarstellung auch uniforme Überzeugungen diktieren. Ideologischer Harmonismus tilgt noch die letzte Nische der Selbständigkeit: die Chance zur geistigen Reserve. Alle sollen dasselbe glauben, und alle sollen jeden Buchstaben des Programms unterschreiben. Koalitionspolitik erstarrt zur Schablone, Immobilismus wird zum Bündnisprogramm, Wissen wird durch Rechtgläubigkeit, Denken durch Gebetsformeln ersetzt.

Entfremdung

Mit Freiheitsberaubung ist Solidarität nicht zu erreichen. Brüderlichkeit läßt sich nicht erzwingen. Die Diktatur der Einheit schließt nicht zusammen, sondern treibt auseinander. Mit der Zeit rücken die Verbündeten voneinander ab, Profilneurosen grassieren, Zweifel an der Bündnistreue schleichen sich ein. Obwohl die Koalitionsbande nur locker geknüpft sind, gibt es auch für Allianzen einen kritischen Schwellenwert der Distanz, der inneren Entfremdung. Wenn einer nicht mehr weiß, was der andere denkt, wenn keiner mehr dem anderen traut, ist die Solidarität zerbrochen. Ein zuverlässiger Indikator hierfür sind Dauerappelle an die Koalitionsdisziplin und hilflose Beschwörungen der Gemeinsamkeit. Sie klagen Vertrauen ein und drehen die Schraube des Mißtrauens zugleich weiter. Noch die geringste Eigenständigkeit, die man zuvor noch augenzwinkernd hingenommen hatte, erregt sofort Argwohn. Die Toleranzen schrumpfen, die Entfernungen sind unübersehbar. Solange die Feinde vor den Toren stehen, können sich Koalitionen noch über Jahre in einem Zustand innerer Entfremdung weiterschleppen. Doch sobald sie anfangen, die Entfremdung durch inneren Druck zu beheben, sind ihre Stunden gezählt. Solidaritätszwänge bewirken Rückzug und Austritt. Gehorsam erfolgt nur mehr unter Vorbehalt, Hilfe nur mit Widerwillen. Das Engagement verkommt zur Pflichtübung. Jeder wartet darauf, daß der andere als erster abspringt.

Mildern läßt sich die Entfremdung nur, wenn man sie an ihre sozialen Wurzeln packt. Nicht Egoismus und persönliche Antipathie sind die Hauptfeinde der Solidarität, sondern die Prozesse der Organisation: Arbeitsteilung, Fraktionsbildung und Differenzierung.

Die Teilung der Koalitionsarbeit nutzt Fachwissen und Übungsgewinne. Wenn ein Bündnis schneller und besser arbeitet als sein Widerpart, gewinnt es Zeit und freie Arbeitskraft für neue Aufgaben. Lassen sich Alltagsgeschäfte mit Routine erledigen werden Ressourcen frei für konzeptionelle Themen- und Programmarbeit. Eine Außenpolitik, die die Nase vorn haben will, ist ohne innere Spezialisierung kaum denkbar. Dennoch hat die Arbeitsteilung eine Kehrseite. Sie verlangt nicht nur sachliche Abstimmung, sondern auch politische Koordination. Je mehr die Bündnisarbeit Fachleuten anvertraut wird, desto weniger werden Sachfragen als Machtfragen behandelt. Arbeitsteilung entpolitisiert die Arbeit. Der Gesamtwille tritt in den Hintergrund, der Gegner, der die innere Solidarität allererst erzwungen hat, verliert an Bedeutung. Zweifellos verhindert ein sachgerecht arbeitender Apparat manche politische Dummheit. Doch Facharbeit ist der Ruin der Machtpolitik. Der Experte hat lediglich sein Spezialgebiet im Auge. Er weicht die Fronten auf und schlägt gefährliche Brücken zu den Fachleuten der Gegenseite. Die Kunst des Möglichen kapituliert vor sogenannten Sachzwängen. Koalitionen tun daher gut daran, ihre Stäbe in die Schranken zu weisen. Pure Sachlichkeit ist nicht nur der Tod der Politik, sondern auch der strategischen Solidarität.

Arbeitsteilung entpolitisiert das Bündnis, Fraktionsbildung hingegen entsachlicht die Arbeit. Die Wirkung der Zirkel und Fraktionen für das Bündnisgefüge ist zweischneidig. Sonderinteressen zusammenzufassen erleichtert einerseits die Dauerverhandlungen, in denen Allianzen sich reproduzieren. Drei oder vier Fraktionsführer können sich leichter verständigen als Hunderte von Abgeordneten. Andererseits konkurrieren die Fraktionen um das Zentrum der Koalitionspolitik. Jede will in die Mitte gelangen. Das soziale Problem der Integration verdoppelt sich. Denn nun müssen bereits die Fraktionen diszipliniert werden. Je größer die Anzahl der Kreise, Interessengemeinschaften und politischen Clubs, desto mühseliger und zeitraubender die Abstimmung. Unter dem weiten Dach der Allianz vollzieht sich ein freies Spiel der Machtkräfte. Bei jeder Sachentscheidung wird um Einfluß gefeilscht. Zustimmung wird zum Tauschmittel, Zugeständnisse läßt man sich teuer abkaufen. Was die Mitglieder an Solidarität in ihrer Fraktion gewinnen, verliert die Koalition an Einheit. Jeder fühlt sich nur mehr seiner Teilgruppe zugehörig, nicht der Allianz insgesamt. Und oftmals verhärtet der innere Machtstreit die Fronten derart, daß sich am Ende Betonfraktionen gegenüberstehen, die ohne Sachverstand zusammenhalten, ja sogar bewußt in Kauf nehmen, daß die Allianz Fehlentscheidungen trifft oder in Agonie verfällt.

Hinzu kommen weitere Formen der politischen Differenzierung. Es gibt die erprobten Streithähne, die die Außenstellen der Koalitionen besetzt halten und jeden Strauß mit dem Gegner ausfechten. Es gibt den Troß, der sie mit Munition versorgt, jedoch nie direkte Feindberührung hat. Es gibt eine Avantgarde, die radikale Maßnahmen aus der sicheren zweiten Linie fordert, Flügelleute, denen die ganze Richtung nicht paßt, notorische Bremser, die das Risiko scheuen, Trittbrettfahrer und Mitläufer, deren Ambitionen sich darin erschöpfen, für nichts möglichst viel einzustreichen. Und es gibt ein inneres Publikum, das mehr oder minder aufmerksam beobachtet, was das Entscheidungszentrum jeweils ausgeheckt hat. Auf den hinteren Bänken wartet es ab, bis es als Stimmvieh gerufen wird. Mit ideologischen Differenzen haben diese Unterschiede meist wenig zu tun. Den Ausschlag geben hier Beteiligungsrechte, Einfluß und Motivation. Während der Generalstab die strategische Linie formuliert und seine Vorhut ins Wortgefecht schickt, regt sich auf den hinteren Bänken nur vereinzelt Unmut. Während sich der Troß abrackert, warten Mitläufer und Publikum ab. Weder hat jeder die gleiche Stimme noch ist jede Tätigkeit gleich wichtig. Eine grundlegende Bedingung der Solidarität ist damit aufgehoben: die Reziprozität von Geben und Nehmen, von Leistung und Gegenleistung, die Achtung jeder einzelnen Stimme. Entfremdung entsteht nicht nur aus Unfreiheit, sondern auch aus sozialer Ungleichheit.

Ist die Solidarität von innen ausgehöhlt, hat der Gegner leichtes Spiel. Seine Abwerbemanöver zielen nicht auf das Zentrum, sondern auf die Risse in der Partnerschaft. Er legt Köder aus, verspricht Überläufern attraktive Belohnungen, Einfluß oder Posten. Er baut Brücken, ermuntert die Trittbrettfahrer zum Umstieg.

Seine Propaganda liefert den Abtrünnigen Rechtfertigungen und Entschuldigungen für den Seitenwechsel. All die fruchtet allerdings wenig, solange die Abstände in der Allianz noch gering sind. Von außen lassen sich Partnerschaften nur mit hohem Aufwand aufsprengen. Damit einer überwechselt, müssen ihn unerträgliche Zustände von innen heraustreiben Während für den internen Zusammenhalt die externe Gegnerschaft ausschlaggebend ist, entscheidet über den Koalitionswechsel, wie brüchig das Binnenverhältnis ist.

Sinnverlust

Die Orientierungs-, Gleichheits-, Freiheits- und Solidaritätsverluste kulminieren im Sinnverlust der Koalitionsarbeit. Bündnisse produzieren weder Güter noch leisten sie Dienste. Ihre Tätigkeit zielt auf Macht, Sicherheit, Gewinn, Beute. Dies ist der Zweck der strategischen Zusammenarbeit, der Maßstab für Sinn, Erfolg und Effektivität. Der Sinnverlust muß dabei keineswegs an unüberwindbaren Widerständen der Gegenseite liegen. Verliererkoalitionen überstehen häufig eine Niederlage nach der anderen, ohne daß sie ihre Arbeit einstellen. Solange sich ihre Lage nicht grundlegend verschlechtert, bleiben sie aktiv. Schon die Zusammengehörigkeit verbuchen die Partner als Erfolg. Verluste und Fehlschläge lassen sich trefflich im Kollektiv verarbeiten. Die Ansprüche sind gering, und daher hält sich auch die Enttäuschung in Grenzen. Sobald die Opfer jedoch keinen Trost mehr einbringen, atomisiert sich die Koalition. Wenn alles Tun aussichtslos wird und nichts den Gegner mehr aufhalten kann, flieht jeder in eine andere Richtung.

Umgekehrt sind übermächtige Gewinnkoalitionen, die im Triumphzug alle ihre Träume realisieren können, durchaus anfällig.

Je rascher sich Erfolge einstellen und je schwächer die Gegenseite ist, desto schneller verbreiten sich Trägheit und Übermut. Leichte Beute fördert den inneren Zwiespalt. Wenn niemand zu fürchten ist, erscheint weitere Anstrengung überflüssig. Die Bande der Disziplin lockern sich, unbesorgt streitet man um die Gewinnanteile, Richtungsstreit bricht auf, bis sich einige vom Verband abkoppeln, um ihre Interessen allein zu verfolgen und die Beute allein zu kassieren. Die Ohnmacht der Opposition verführt zu Einzelaktionen, welche die Allianz dem Ruin entgegentreiben.

Indes, die Mehrzahl der Koalitionen ist weder vollkommen ohnmächtig noch gänzlich unangreifbar. Meist operieren sie zwischen Siegen und Niederlagen, Gewinnen und Verlusten. In der einen Phase dominiert die eine Seite, in der nächsten die andere. Die Effektivität der Koalitionsarbeit allein an kurzfristigen Erfolgen festzumachen, ist nicht nur kurzsichtig, sondern auch selbstdestruktiv. Erfolge haben nämlich ein Doppelgesicht: Sie bestätigen die Leistungen und verlocken zu weiteren Angriffen, doch sie trocknen auch das Reservoir der Gemeinsamkeiten aus. Das Grundgesetz jeder Kooperation gilt auch für die strategische Zusammenarbeit. Wenn der Handlungszweck erreicht, das Programm realisiert und der Rivale besiegt ist, sind die Alliierten arbeitslos. Nachdem die Beute aufgeteilt ist, kann man befriedigt auseinandergehen. Das Ende naht, nicht weil die Unverträglichkeiten plötzlich zugenommen hätten, sondern weil die Verträglichkeiten erschöpft sind. Fehlschläge sind für Koalitionen deshalb unverzichtbar. Die Genossen benötigen neue Probleme, neue Themen, neue Gegner, um ihrer Arbeit neuen Sinn zu geben. Auch dominante Koalitionen haben mitunter ein wohlverstandenes Interesse an Widerstand, an einer starken Opposition, an wechselnden Problemen. Sie verschaffen ihnen nämlich weitere Arbeit und geben dem Bündnis Sinn. Und falls die Umwelt neue Probleme schuldig bleibt, dann erfinden Koalitionen eben

ihre eigenen, vorzugsweise unter der Devise, zu neuen Ufern auf-
zubrechen, auch wenn man längst im Überfluß schwimmt.

Ein ähnliches Doppelgesicht haben naturgemäß auch Mißerfolge.
Manchmal spornen sie zu neuen Leistungen an, zur Sammlung
aller Kräfte. Nach Niederlagen werden regelmäßig Durchhaltepa-
rolen ausgegeben. Häufen sich jedoch die Mißerfolge und Verluste, erstarren Arbeit und Motivation. Unwillkürlich stellt sich die
Frage, ob sich das Bündnis noch lohnt. Nun beginnen jene Um-
deutungen und Umorganisationen, welche die Depression bewältigen sollen. Personal wird ausgetauscht, Zuständigkeiten neu
verteilt, Schuldzuweisungen bezeichnen die Übeltäter. Trotzdem
bekommt die Gemeinsamkeit zusehends Risse. Was die Aktivi-
sten noch als Teilerfolg verbuchen, ist für andere nur mehr ver-
gebliche Mühe. Jede Teilgruppe definiert ihre eigenen Maßstäbe.
Damit nicht gleich alle in Resignation verfallen, werden zufällige
Vorteile als eigene Leistung verbucht, und wenn all dies nichts
fruchtet, widmet man einfach die Ziele der Allianz um. Nicht das
Ergebnis, der Arbeitsprozeß selbst legitimiert jetzt die Fortset-
zung der Zusammenarbeit. Als Erfolg zählt nicht mehr das Ergebnis sondern daß jeder möglichst viel zu tun hat. Je größer der
Apparat, so heißt es, desto mächtiger die Allianz, je mehr Experten, desto sachgemäßer die Entscheidungen, je mehr Beratungs-
termine, desto stabiler das Bündnis, je mehr Papier, desto wirk-
samer die Arbeit. Wenn aber das Verfahren die Ergebnisse ersetzt, büßt die Koalition ihren instrumentellen Charakter ein. Solidarität, Gleichheit, Kollektivität, Kampfgeist sind nicht länger
Waffen im Konflikt. Sie werden zu Störfaktoren einer Allianz,
die ihren Zerfall vermeidet, indem sie sich in eine Bürokratie
verwandelt. Deren höchste Aufgabe liegt jedoch darin, sich selbst
zu erhalten und zu verwalten.

VIII. Maßnahmen

Der Untergang ist keineswegs unaufhaltsam. Koalitionen sind ihre eigenen Heilanstalten. Die Therapien mögen nicht immer anschlagen, manche zeitigen Nebenwirkungen, die auf Dauer schädlicher sind als die ursprüngliche Krankheit. Doch erzwingt der Fortgang der Macht immer neue Anpassungen, Öffnungen, Abtrennungen. Um zu überleben, verändern Koalitionen ihre sozialen Verhältnisse. Sie verwandeln sich in Bürokratien oder Ensembles, sie fusionieren und suchen sich das gesamte Machtfeld untertan zu machen.

Organisation

Die erste Maßnahme zur Selbsterhaltung ist die Erhöhung des Organisationsgrads. Damit lassen sich mehrere Probleme auf einmal lösen. Organisation setzt einen verbindlichen Rahmen, definiert Themen und Relevanzen, kanalisiert Informationen und begrenzt die Anzahl der Alternativen. Ungewißheit wird so verringert und die Berechenbarkeit erhöht. Womit Individuen, Gruppen und locker verbundene Koalitionen kaum fertig werden, die Organisation schafft es. Indem sie die Zügel strafft und das Netz anspannt, steigert sie die Informationssicherheit und überwindet die intellektuellen Grenzen der einzelnen Gruppen.

Die Formalisierung der Sozialstruktur knüpft die Bündnisaktivitäten an Regeln, Entscheidungsverfahren und strategische Rollen. Sie installiert Gremien und fügt informelle Zirkel in offizielle Strukturen ein. Formalisierung entpersönlicht das Soziale. Die Verbindungen werden durchsichtig, jeder weiß, wo er zu stehen hat und was die anderen zu tun haben. Persönliche Unwägbarkeiten und Animositäten treten zurück. Trotz privater Antipathie können die Amtsinhaber zusammenarbeiten. An persönlicher Zwietracht braucht das Bündnis jetzt nicht mehr zu scheitern.

Zudem trägt Formalität den zentrifugalen Tendenzen der Partnerschaft Rechnung. Austritt und Beitritt werden reglementiert. Das Bündnis wird unabhängig von den Individuen, die Partnerschaft verliert ihre Exklusivität. Die Stelle bleibt, auch wenn ein Alliierter geht. Er kann zügig ersetzt werden. Organisierte Koalitionen überleben ihre Mitglieder. Sie erlangen soziale Unsterblichkeit. Zugleich schiebt Organisation dem Opportunismus einen Riegel vor. Zieht man den Schleier des Vertrauens beiseite, erscheint wieder die altbekannte Tatsache, daß Menschen stets imstande sind, arglistig ihre Interessen zu verfolgen und Versprechen abzugeben, an die sie selbst nicht glauben. Trotzdem gibt es häufig keine andere Alternative, als mit solch unsicheren Gesellen zusammenzubleiben. Ist die Zahl möglicher Bündnispartner gering, bleibt nur die Ausschaltung des Opportunismus. Dazu leistet Organisation gute Dienste. Die Hierarchie erhöht die Kontrolle, Normen und Sanktionen erschweren Abwanderung und Austritt, Anreize fördern die Arbeitsleistung. Statt ständig über Investitionen und Gewinnausschüttungen verhandeln zu müssen, können organisierte Allianzen auf den Generalgehorsam ihrer Mitglieder, bauen. Sie ersetzen den inneren Markt durch Institution. Die Verbündeten sind nicht länger Tauschpartner, sondern Angestellte, die für ihre Willfährigkeit einen Lohn erhalten.

Mit Solidarität hat dies freilich nichts zu tun. Die Transformation der Koalition zur Organisation ersetzt Solidarität durch Loyalität. Nicht Helfen und Teilen, sondern geregelte Treue und Fürsorgepflicht ist der Grundsatz der Loyalität. Solidarisch verhält sich derjenige, der dem anderen so lange beisteht, wie es irgend möglich ist; loyal hingegen ist derjenige, der ihm hilft, weil es gerade nötig ist. Gleichwohl ist auch Loyalität ein Verhältnis auf Gegenseitigkeit. Die Unterstellten dienen der gesatzten Ordnung und werden dafür von oben beschützt. Doch anders als die Brüderlichkeit ist Loyalität ein asymmetrisches Verhältnis. Ihre Regeln beruhen nicht auf einem Konsens unter Gleichen, sondern auf der Definitionsmacht des Stärkeren. Er entscheidet, was noch erlaubt ist und wie lange ein Übeltäter oder Abweichler zu halten ist. So ersparen sich Koalitionen überflüssige Solidaritätszwänge und Einheitsansprüche. Solange der Mitarbeiter loyal arbeitet, darf er denken und glauben, was er will.

Organisationen sind ein stabiles Element im Hin und Her des Konflikts. Wie auch immer sich die politische Landschaft verändert, der Apparat bleibt derselbe. Unabhängig davon, wer gerade kommt oder geht, welche Ziele gerade proklamiert werden, Organisation garantiert Ordnung und Normalität. Die Regeln schaffen Regelmäßigkeit, und Regelmäßigkeit schafft Gewohnheiten. Sie sind gegen Wandel weitgehend resistent. Sonderlich flexibel ist der Apparat zwar nicht. Aber er wirkt wie ein Bollwerk in der Brandung der Politik. Bürokratien sind immun gegen den Wechsel an der Spitze, gegen den Wechsel der Ideologien, gegen Revolutionen. Häufig überleben sie eine Koalition nach der anderen. Die entpolitisierte Sachlichkeit ignoriert die kurzzeitigen Rivalitäten und Politikwechsel. Während sich die Parteien streiten und das Publikum ungläubig zuschaut, arbeiten die Beamten einfach weiter.

Koordination und Demokratie

Formalisierung schafft objektive Realität. Die Trennung der Gruppen, Zirkel oder Fraktionen kann sie allerdings nicht verhindern. Dazu bedarf es der Koordination. Richtig eingesetzt, integriert sie die Allianz, ohne den Verbündeten ideologischen Gleich-

klang abzufordern. Periphere Einheiten, die durch Arbeitsteilung
oder politische Differenzierung ins Abseits gedrängt wurden,
werden wieder eingegliedert, Ungleichheiten abgemildert und
externe Spaltungsmanöver abgeblockt. Vor allem jedoch verbessert Koordination die Konfliktfähigkeit der Koalition. Sie nutzt
alle Ressourcen und gibt allen das Gefühl, gemeinsam zu handeln. Sie befriedigt die gesellschaftliche Erwartung, Koalitionen
sollten einheitliche Ziele verfolgen und sich nicht in Streitigkeiten aufreiben. Die politische Illusion, so irrig sie sein mag, verlangt von Allianzen den Nachweis der Einigkeit. Einheit ist die
gesellschaftliche Normalform für Koalitionen. Innerer Zwist gilt
als ruinöses Drama, als Vorzeichen baldigen Untergangs, obwohl
nichts banaler ist als die Tatsache, daß sich Verbündete darüber
streiten, wer die Macht hat, wer die Ziele bestimmt, wer etwas zu
sagen hat.

Die Maßnahmen der Koordination sind bekannt: Hierarchie,
Zentralisation, Regeln, Kontrolle und Disziplin. Davon soll hier
nicht weiter die Rede sein. Zu betrachten sind vielmehr jene Verfahren, die am Anfang der Bürokratisierung stehen und den strategischen Charakter der Koalition vorläufig bewahren: Verbindungsstellen, laterale Kommunikation, Demokratie, Ziele, Pläne.

Pläne und Ziele geben der laufenden Arbeit neuen Sinn, repoliti-
sieren die Aktivitäten und verleihen ihnen eine teleologische
Struktur. Im günstigsten Fall überführen sie sogar Koordination
in Kooperation. Koordination beschränkt sich auf die äußerliche
Verknüpfung der Tätigkeiten. Was zusammengehört, bestimmt
ein Dritter. Bei der Kooperation hingegen orientieren sich die
Beteiligten selbst an gemeinsamen Aufgaben und passen ihre
Arbeitsschritte einander an. Attraktive Ziele motivieren und verstärken die Gegenseitigkeit, Koalitionspläne fixieren einen kollektiven Willen, hinter den man sich stellen kann. Diese Vorstel-

lungen entwerfen eine künftige Welt, die gegenwärtige Unbilden vergessen läßt. Allerdings müssen Ziele und Pläne hinreichend vage, flexibel und abstrakt sein. Je allgemeiner das Vorhaben, desto weiter der Mantel, unter den alle Genossen kriechen können. Je utopischer der Plan, desto mehr gibt es zu tun und desto stärker der Glaube, etwas Wichtiges zu tun. Und je verschwommener das Ziel, desto leichter lassen sich Streitigkeiten verschmerzen. Natürlich dürfen die Entwürfe nicht die Grenzen des Realitätsprinzips überspringen, doch der Sinn fürs Kontrafaktische ist relativ weit auslegbar. Den Blick fest nach vorn gerichtet, können Koalitionen nahezu jeden Rückschlag überstehen. Mißerfolge werden zu „Fehlern“ auf dem sonst richtigen Weg herabgestuft, Mitgliederschwund wird widrigen Umständen angelastet. Mit Utopien verwandeln sich Koalitionen in verschworene Genossenschaften. Ideologisch gut unterfütterte Ziele erhalten Gemeinsamkeit, selbst wenn sie von der Wirklichkeit längst überholt sind.

Weniger erhebend als utopische Wünsche ist eine andere Methode der Koordination: die Demokratie. Ihrer Idee nach ist Demokratie das Gegenmodell zur Despotie. Sie bricht Machtmonopole und räumt allen gleiche Beteiligungschancen ein. Autokratischer Zentralismus ist ebenso verpönt wie nackte Amtsmacht. Zugleich jedoch ist Demokratie ein höchst geschmeidiges Mittel, um sich wechselnden Umständen anzupassen und Sonderinteressen in Rechnung zu stellen. Der koordinativen Demokratie fehlt ein eindeutiges Machtzentrum. Je nach Lage entwickeln sich immer neue Ämter, Kommissionen oder Projektgruppen, die weitgehend unabhängig voneinander handeln. Ohne einen einheitlichen Gesamtwillen anzustreben, werden die Wünsche der verbündeten Parteien befriedigt. Umfassender Konsens ist entbehrlich, übergreifende Solidarität verzichtbar. Von Einheitszwängen ist die Koalition entlastet. Solange sie sich an den weiten Verfahrensrahmen hält, kann jede Gruppe ihren Egoismus verfolgen. Gewiß, der Zeitaufwand ist erheblich. Die entmachtete Spitze klagt regelmäßig über den Verlust ihrer Richtlinienkompetenz. Die Bedürfnisse des Publikums nach charismatischen Führern bleiben unbefriedigt. Angesichts der zahllosen Interessengruppen wartet es vergeblich auf ein Machtwort. Trotzdem sind die Vorteile unübersehbar. Zwischen Konsens und Dissens bewegt sich die Koalition in einem Schwebezustand, den sie sich freilich um so eher leisten kann, je schwächer die Gegenseite ist.

Damit ist das Bündnis stabiler als ein zentralisierter Verband. Je freier sich nämlich die Gruppen und Abteilungen bewegen können, desto sensibler kann die Allianz auf die Entwicklungen der Umwelt antworten. Die lockere Verknüpfung im Innern erhöht ihre Flexibilität nach außen. Probleme können simultan angegangen werden, Außenstellen können unmittelbar auf neue Ansprüche reagieren. Man verspricht vieles sofort und gründet für die praktische Arbeit einen Ausschuß. Und wenn in diesem Bündnis ohne Kopf die Gegensätze überhandnehmen, kann es umstandslos einzelne Abteilungen abhängen und ins Abseits befördern. Eines der vielen offenen Ohren ist schließlich leichter zu entbehren als das Nervenzentrum.

Koalitionen, die ihre Koordination verbessern wollen, kommen um den Umbau ihrer Kommunikationsstruktur nicht herum. Die Flügelleute und Außenstellen sollen an den sozialen Nukleus angebunden, träge Mitläufer zur Aktivität angehalten werden. Hierzu bietet sich die Installation begrenzter Seitenkanäle an. Neue horizontale Verknüpfungen werden auf einzelne Sachbereiche und Projekte beschränkt. Damit vermeidet man die bekannten Nachteile des Allkanalnetzes. Wenn jeder jeden erreichen kann, obliegt es jedem einzelnen, die auf ihn einstürmenden Informationen abzufiltern. Das Netz wird so verdichtet, daß keiner mehr frei agieren kann. Der Vorteil der koordinativen Demokratie wird verspielt. Permanente Direktkontakte unterminieren jeden Ansatz einer hierarchischen Koordination. Universale Erreichbarkeit käme einer Revolution gleich. Eine günstigere Konstellation kann sich die Gegenseite kaum wünschen. Begrenzte Erreichbarkeit dagegen verstetigt den Informationsfluß dort, wo es der Konflikt verlangt, und verstopft die Kanäle dort, wo sie die Selbständigkeit einschränkt.

Anstatt alle miteinander zu verknüpfen, beauftragen Koalitionen daher einzelne Personen mit der Koordination. Man schafft Verbindungsstellen, läßt die Hierarchie unangetastet und überträgt die Abstimmung wenigen Spezialisten. Diese Fachleute für gute Kontakte haben nichts anderes zu tun, als den Informationsfluß zu sichern, die Ressourcen zusammenzubinden und die Interessen auszugleichen. Alle anderen können ihrer Arbeit nachgehen. Besonders erfolgreich sind jene Vermittler, deren Vorstellungen in der Mitte liegen und die ihre Autorität mit Sachzwängen begründen können. Der erfolgreiche Vermittler führt, indem er kommunizier er lenkt, indem er besänftigt und vereinigt, er regiert, indem er Unverträglichkeiten abspaltet und die Kräfte nach außen umdirigiert. Der Vorwurf der Profillosigkeit bleibt dem „großen Kommunikator" zwar nicht erspart. Unablässig verstößt er gegen die Erwartung, daß Politik Gestaltung und nicht nur Schlichtung sei, daß sie Ziele entwerfen und nicht nur Mittel kombinieren solle. Für das Bündnis jedoch hat diese Koordinationsform einen unschätzbaren Vorteil: Sie nutzt die vielfältigen Kontakte der Verbündeten und erspart ihnen Einheitszwänge im Detail und Solidarität im Ganzen. Sie befreit jene, die mit einem Problem nicht direkt befaßt sind, von der Verantwortung, gibt jedem Freiraum für Fehler und Skandale, ohne daß man dies der Allianz insgesamt anlasten könnte. Eine Affäre hier, ein Bauernopfer dort, für die Koalition ist es viel Lärm um nichts.

Politisches Theater

Die Einheit der Allianz muß nicht nur hergestellt, sie muß auch dargestellt werden. Die Zuschauer wollen beeindruckt, die Opposition soll eingeschüchtert, die Partner wollen überzeugt werden. Selbst wenn es an innerer Harmonie fehlt, kann man immer noch zur politischen Dramaturgie Zuflucht nehmen. Koalitionen inszenieren Aufführungen, die von der eigenen Strebsamkeit handeln und gleichzeitig die Untaten des Gegners anprangern. Vor Belegschaften, vor Presse und Staatsbürgern präsentiert das Ensemble von Regisseur, Stars und Statisten ein umfangreiches Repertoire. Ohne Anspruch auf Vollständigkeit lassen sich einige typische Scripts symbolischer Bündnispolitik unterscheiden.

Sollen Normalität und Zielstrebigkeit vermittelt werden, spielen Koalitionen das Stück von der Entscheidungsfreude. Man sieht die Alliierten um runde Tische versammelt, mit geschäftiger Miene durch leere Flure eilend, Aktenberge tragende Assistenten. Der dramatische Höhepunkt ist regelmäßig die öffentliche Verkündung von Beschlüssen, Bilanzen oder Programmen. Damit will man zeigen, daß das Bündnis tatsächlich arbeitet. Sonderlich unterhaltsam ist diese Kleinkunst nicht, aber ihr Zweck liegt ja in der Demonstration, daß alles seinen geordneten Gang geht.

Reizvoller sind dagegen die zahlreichen Vorführungen der Einigkeit. Bei gemeinsamen Auftritten übertreffen die Akteure einander in gegenseitiger Zustimmung, sie versprühen gute Laune, versichern sich ihrer Wertschätzung. Sie spielen sich Stichwörter zu und stellen mit verteilten Rollen den gemeinsamen Standpunkt heraus. Dabei fällt das Spiel um so überzeugender aus, je weniger von der Einigkeit die Rede ist. Man soll sie sehen und hören, über sie zu sprechen ist unnötig. Die öffentliche Beteuerung, es gebe keinerlei Meinungsverschiedenheiten, erregt eher den Verdacht, daß das Gegenteil der Fall sei.

Das Schauspiel der Eintracht läßt wenig Spielraum für individuelle Profile. Dafür sind gemeinsame Konfliktspiele an Nebenschauplätzen und gelegentliche Solovorstellungen vorgesehen. Damit jeder Partner im Laufe der Zeit einmal die Chance hat, seine Selbständigkeit vorzuführen, werden in die Szenenfolge Monologe eingebaut oder marginale Streitfragen hinzugefügt. Dazu dürfen auch Hinterbänkler ihre Meinung äußern, so lange zumindest, bis sie von der Regie zurückgepfiffen werden. Es ist ein grundsätzliches Mißverständnis, solche Zwistigkeiten für Anzeichen des Niedergangs zu halten. Auch wenn einzelne Solisten bisweilen aus der Rolle fallen, eine gut kalkulierte Bündnisdramaturgie gibt jedem Mitglied ab und zu Gelegenheit, Charakter zu zeigen. Zudem gibt es die Sonderrollen des notorischen Querulanten, des Profilneurotikers oder des Verwicklungskünstlers. Sie gehören gleichfalls zum Repertoire. Daß dem kritischen Publikum der Sinn für solcherlei Spaß am Spiel häufig abgeht, liegt lediglich daran, daß es Politik gewöhnlich für eine ernsthafte Angelegenheit hält.

Koalitionspolitik in ein Schauspiel zu verwandeln, hat einen mehrfachen Sinn. Die Inszenierung zielt auf den Beifall der Zuschauer. Ihnen stellt man sich dar, ihnen führt man die Gegenpartei vor. Nichts ist demütigender, als den Gegner zum Statisten der eigenen Theaterkunst zu degradieren und ihn zugleich, nach dem Gesetz des Kontrastes, unmöglich zu machen. Demonstriert die eine Seite gelassen ihre Vormacht, erscheint die andere Seite in ihrem aufgeregten Kritikastertum ohnmächtig und hilflos. Präsentiert das Bündnis einträchtige Zuversicht, gerät die Opposition in den Geruch des mißmutigen Streithahns. Je attraktiver sich die Koalition vorstellt, desto unattraktiver wirkt die Gegenpartei.

Damit hält man gleichzeitig die Mitspieler im Ensemble. Aufgeführt werden die Stücke nämlich nicht zuletzt für die eigenen Verbündeten. Jeder Darsteller ist zugleich Zuschauer des anderen Darstellers. Er teilt mit ihm die Vertraulichkeit des Ensembles. In der gelungenen Aufführung erkennt er zugleich den Wert der Allianz. Das Theater ist ein Spiegel der Zusammengehörigkeit. Die Transformation der Koalition in ein Ensemble ist eine praktische und symbolische Maßnahme der sozialen Integration. Vor fremden Blicken muß man zusammen spielen, und während der Aufführung erlebt man, wie sehr man aufeinander angewiesen ist.

Zur Vorführung des Gegners eignet sich die Schmierenkomödie. Ausgesuchte Scharfmacher geben Leseproben aus den Texten der Opposition zum besten, Mitläufer, die bislang nie in Erscheinung getreten sind, enthüllen Skandale und Intrigen, nicht ohne treuherzig zu versichern, selbst ganz unbeteiligt gewesen zu sein. Solche Darstellungen sollen das Ansehen des Gegners beflecken und zugleich das Ensemble ins reine Licht der Wahrhaftigkeit tauchen. Dort der Gauner, hier der aufrechte Advokat der Tugend. Damit gewinnt man einige Überläufer und überzeugt den eigenen Partner, noch immer auf der richtigen Seite zu sein. Denn wer wollte ernstlich erwägen, sich mit den Sündenböcken gemein zu machen?

Eine andere Absicht verfolgt man mit dem Drama vom Burgfrieden. Der Vorsprung im Machtfeld ist nur gering, die Sachprobleme sind erheblich, ein äußerer Feind rückt heran, man braucht die Opposition. Was ist zu tun? Die Koalition erhebt sich zum Sachwalter des Gemeinwohls, zum Beschützer des Vaterlands zum Schirmherrn der Organisation. Sie appelliert an abstrakte Werte, gegen die niemand etwas einwenden kann, und betont allseitige Gemeinsamkeit. In ernster Lage kennt sie plötzlich keine Gegner mehr, nur noch Kameraden. Der Konflikt wird kaschiert, innerhalb und außerhalb der Allianz herrscht Eintracht. Natürlich gibt man die Führung nicht aus der Hand, doch keiner darf sich entziehen. Die Zustimmung zu verweigern wäre Desertion, Vaterlandsverrat.

Wachstum

Politisches Theater ist eine Taktik der Selbsterhaltung. Um die jedoch die Machtlücken effektiv zu schließen und den Kontrollbereich auszudehnen, verfolgen Bündnisse häufig eine Politik des Wachstums. Sie öffnen ihre Grenzen für neue Partner oder gründen Hilfsorganisationen, die fluktuierende Aktivitäten und soziale Bewegung aufsammeln und der Allianz zuführen. Prima facie scheint der maßgebliche Vorteil der Wachstumspolitik in der größeren Planungsfähigkeit zu liegen. Größere Einheiten verfügen über mehr Wissen als kleine. Doch meist ist es nicht der ausgebaute Speicher, der die Lage verbessert, sondern die Ausschaltung äußerer Einflüsse. Große Koalitionen haben einfach mehr Macht, um der Umwelt ihre Themen zu diktieren und unliebsame Tendenzen zu unterdrücken. Größe und Wachstum sind selbst eine Machtressource. Sie erhöhen die Überlebenschancen der Allianz, indem sie ein Polster gegen Mißerfolge bilden. Man kann sich unliebsamen Veränderungen entgegenstemmen und Gefahren gelassener begegnen. Indem Bündnisse ihre Grenzen öffnen, puffern sie sich ab. Indem sie expandieren, ergreifen sie von der Umwelt Besitz.

Für die Expansion eignen sich mehrere Methoden. Die Skala reicht von der Neutralisierung bis zur völligen Verschmelzung. Manches ist schon gewonnen, wenn man mögliche Gegner zum Stillhalten bewegen kann. Ein Neutralitätspakt schafft Berechenbarkeit. Man hat den Rücken frei und vermeidet den Krieg an mehreren Fronten. Die Neutralen brauchen die Allianz nicht zu unterstützen; es genügt, daß sie nichts tun. Neutralität fordert keine Handlung, sondern eine bewußte Unterlassung. Mit Unentschiedenheit ist dies nicht zu verwechseln. Wer sich nicht festlegt, bleibt unberechenbar. Der Neutrale indes hat sich dafür entschieden, keiner Seite beizutreten. Dafür läßt ihn die Allianz in Ruhe - vorläufig. Sie verspricht ihm, ihn nicht weiter zu behelligen.

Anders verhält es sich bei duldender Unterstützung. Um sich fremden Wohlwollens zu versichern, muß die Koalition über sich hinauswachsen und einige Abstriche in Kauf nehmen. Tolerierungsabkommen geben dem Bündnis freie Hand, ohne daß die neuen Komplizen mitmachen müssen. Ihre Position ist außerordentlich komfortabel. Erweist sich die Koalitionspolitik, die man toleriert hat, als Erfolg, kann man sich den Lorbeer ans eigene Revers heften; schlägt sie fehl, trägt man keinerlei Verantwortung. Nicht umsonst wollen Allianzen daher die Bande enger knüpfen und von ihrer Haftung etwas abgeben. Zwar ersparen Toleranzabkommen die mühselige Integration, aber Toleranz ist nur eine Notlösung, wenn engere Assoziationen nicht durchzusetzen sind. Toleranz ist immer ein unsicherer Wechsel, wenn sie nicht durch Macht gedeckt ist.

Neutralität und Toleranz erreichen Koalitionen durch Verhandlungen und Verträge, durch kontraktuelles Wachstum. Tauschprozesse spielen auch bei Kooptationen eine wichtige Rolle. Das Bündnis beteiligt Vertreter fremder Gruppen an seinen Beratungen und Entscheidungen. Es verleiht Mandate und vergibt Lizenzen, beruft fremde Repräsentanten ins Direktorium. Dafür zahlt es mit Einfluß und Teilhabe. Kooptation ist keine Einbahnstraße. Jede Partei versucht, sich der anderen zu bedienen. „Gut" sind die Beziehungen erst, wenn sie auf Gegenseitigkeit beruhen. So steigert die Koalition ihre Macht, indem sie Macht an ihre neuen Partner abgibt. Sie gewinnt an Einfluß, indem sie ihre Unabhängigkeit aufgibt, sie tauscht Unterstützung gegen Souveränität.

Vermeiden lassen sich die Kosten der Gegenseitigkeit nur, wenn die Allianz so stark ist, daß sie eine Fahrtrichtung abzusperren vermag. Dominante Koalitionen kooptieren keine fremden Partner, sie schaffen sich ihre Partner selbst. Sie gründen neue Organisationen, um sich die Umgebung untertan zu machen. Die etablierten Verbände werden verdrängt oder geschluckt. Je größer die Übermacht, desto größer die Gefahr totaler Herrschaft. Wo sich noch Widerstand regen könnte, greift die Allianz zu und zwingt alle zum Beitritt in ihre Hilfsorganisationen, den Transmissionsriemen ihrer Macht. In ihrer massivsten Form duldet die Expansion keine fremden Gruppen mehr. Alle müssen sich organisieren, in gelben oder braunen Gewerkschaften, in Frauen- und Jugendverbänden, in Berufs- und Arbeitsdiensten. Alle werden der Zentrale unterworfen, alle schwören Treue, leisten unentgeltliche Arbeit, liefern Kinder und Soldaten. Es sind keineswegs nur diktatorische Regimes, die diese Expansionsstrategie verfolgen. Wachstum mit Hilfe ergebener Hilfstruppen ist eine Grundtendenz jeder Machtpolitik, vollständige Beherrschung eine universale Strategie, die nur durch Gegenmacht einzudämmen ist.

Begleitet wird die totalitäre Außenpolitik durch Mechanismen der Absorption. Was sich nicht abdrängen oder austilgen läßt, wird aufgesaugt. Fusionen verschmelzen mehrere unabhängige Einheiten zu einem Kollektiv, unter der Führung der dominanten Allianz. Tauschpartner werden ebenso aufgegriffen wie branchenfremde Organisationen. Je höher die Vertragskosten, desto größer die Neigung, die fremden Dienste unter das eigene Dach zu holen. Ehemalige Kampfgefährten aus gemeinsamer Widerstandszeit werden zwangsweise vereinigt, andere Partner mit attraktiven Angeboten geködert. Parlamentarische Bündnisse besetzen die Administration mit ihren Gefolgsleuten und etablieren so den Parteienstaat. Firmen verschmelzen mit Firmen zu Konglomeraten, Parteien verketten sich zu Einheitsparteien, Partei und Staat werden zur Staatspartei. Die Fusion erweitert die Grenzen bis an den Rand des Machtfeldes. Das Bündnis beherrscht die Welt, indem es sie in sich selbst aufhebt.

Wachstum ist kein Allheilmittel. Der Erfolg ist an Bedingungen geknüpft. Damit sich eine Allianz ausdehnen kann, muß das Machtfeld ringsum durchlässig und multipolar sein. Der Konflikt darf nicht so weit eskaliert sein, daß die Frontlinie zubetoniert ist und die Zuschauer bereits Partei sind. In bipolaren Konstellationen kann eine Allianz nur noch wachsen, indem sie die Gegenpartei spaltet oder aufreibt. Expansion und Sieg fallen hier zusammen. Angriff ist daher die beste Therapie gegen den inneren Zerfall. Doch auch sonst stößt das Wachstum häufig auf Widerstände. Gesetze verbieten Fusionen, die zu marktbeherrschenden Monopolen führen oder die Gewaltenteilung zerstören. Die Opposition versucht, der Allianz Einhalt zu gebieten, kleine Gruppen weigern sich regelmäßig, den Köder zu schlucken, um nicht auf Nimmerwiedersehen im Kochtopf der Assoziation zu verschwinden. Lieber verzichten sie auf Macht und Verantwortung, als ihre Identität zu verlieren. Manche verlangen unbezahlbare Beitrittspreise, andere kehren ihre Selbständigkeit so heraus, daß man besser auf sie verzichtet. So birgt das Wachstum neue Gefahren und Risiken.

Mit der Öffnung der Grenzen handeln sich Bündnisse zahlreiche Folgeprobleme ein. Große Koalitionen neigen bekanntlich zu Unbeweglichkeit. Wachstum gefährdet Eintracht, Solidarität und Aktionsfähigkeit. Die Allianz muß fremde Elemente in ihren Binnenraum aufnehmen, die wiederum eigene Interessen und

Werte mitbringen. Neulinge verwässern das Profil der Koalition und stellen ihr Selbstverständnis in Frage. Die Kooptation von Berufsexperten entpolitisiert die Entscheidungen. Die vielfältigen Spezialrollen sind erneut zu koordinieren, durch neue Stäbe, neue Kontrollteams. Kooptation und Fusion steigern die Bürokratie. Die schwierigste Wachstumsfolge ist jedoch die zunehmende Komplexität und Unsicherheit im Innern. Im Umfeld mag mittlerweile Friedhofsruhe herrschen, dafür schwelt der Zwist im Innern. Neue Machtgruppen bilden neue Fraktionen und konkurrieren um die Essentials der Koalitionspolitik. Was die Allianz an äußerem Frieden gewinnt, verliert sie an innerer Eintracht. Was sie an äußerer Komplexität reduziert, erkauft sie mit innerer Dissoziation. Der Kreis schließt sich: Die Koalition hat sich mit Wachstum zu sanieren versucht und muß nun erneut ihr Überleben sichern. Die Therapie beginnt wieder von vorn.

IX. Finale

Die Krise entscheidet über das Schicksal der Koalition. Versagt die Therapie, bricht das Bündnis auseinander, löst sich auf oder verfällt in Agonie. Früher oder später verlassen die Mitglieder den Pakt, wechseln zur Gegenseite oder gehen für immer auseinander. Anders als natürliche Organismen, die entweder sterben oder überleben, können soziale Systeme am Ende mehrere Entwicklungspfade einschlagen. Vollkommene Dissoziation käme der Auflösung jeder Gesellschaft gleich, sie wäre die antisoziale Tatsache par excellence. Aber das soziale Leben mit seinen Metamorphosen scheint unsterblich zu sein. Es wandelt nur seine Formen, wechselt die Aggregatzustände der Vergesellschaftung. Schon die Transformationen der Koalition in formale Organisation, in strategische Genossenschaft oder in ein politisches Ensemble sind nur Übergänge zu anderen Systemtypen. Auch Koalitionen sind nichts anderes als Phasen im Prozeß der Gesellschaft.

Repression und Explosion

Dennoch gibt es dramatische Fälle des Systemtods. Allianzen können überrannt, zersprengt, regelrecht pulverisiert werden. Die Tyrannis, welche die Koalition eine Zeitlang geduldet hatte, entschließt sich plötzlich, dem lästigen Treiben ein Ende zu bereiten. Sie droht mit horrenden Strafen oder jagt die Verbündeten gleich auseinander. Zusammenkünfte werden verboten, die Koalitionsfreiheit eliminiert, die Treffpunkte abgesperrt. Die Wortführer der Allianz werden verhaftet und öffentlich bestraft. Spitzel sind überall, die Polizei, diese Armee des Bürgerkriegs, besetzt das Terrain.

Die gewaltsame Liquidierung der Koalition beendet alle Verhandlungen. Unangefochten beherrscht die Despotie das Feld, der Opposition sind ihre wirksamsten Trümpfe aus der Hand geschlagen: Kollektivität und Solidarität. Vereinzelt sind die Partner machtlos. Das Regime triumphiert über das passive Nebeneinander einer atomisierten Menge. Die meisten Mitläufer flüchten in die Isolation, einige Opportunisten dienen sich der Diktatur an und helfen beim Aufbau der Ersatzorganisationen, welche die Leerstelle im Machtfeld ausfüllen sollen. Sie sind jedoch keine strategischen Kampfverbände wie einst die Koalition, sondern staats- oder parteitreue Anstalten zur Dämpfung des Unmuts. Dort darf man sich hin und wieder zu Wort melden, hat aber nichts zu sagen. Demokratie verkommt zur Spielwiese, eingezäunt in einem Gehäuse, dessen Zuchtmeister die Despotie ist.

Von der alten Koalition bleibt nur wenig. Nur die Kerngruppe hält zusammen. Ist ihr Widerstandswille ungebrochen, geht sie in den Untergrund. Ab und zu, wenn das Auge der Macht wegzusehen scheint, tritt sie wieder ans Tageslicht, an symbolischen Plätzen der Widerstandsgeschichte oder an neutralen Orten, die von Dritten geschützt werden. Wie ein Lauffeuer spricht es sich herum, plötzlich tauchen aus der Menge wieder die alten Embleme der Solidarität auf. Aber es sind nur hilflose Zeichen der Ohnmacht, Strohfeuer des Protests, die von der Ordnungsmacht sofort ausgetreten werden. Zeitweilig ersparen die sporadischen Aktionen der konspirativen Gruppe die völlige Desillusionierung. Ihr Hauptproblem ist nämlich das Warten. Das Bündnis hatte seine Einheit in der praktischen Auseinandersetzung verwirklicht. Der Konflikt brachte es hervor und hielt es am Leben. Nach der Niederlage muß die Gruppe ihre Einheit allein sichern. Nicht äußerer Druck schweißt sie zusammen, sondern nur Mut, Ausdauer, absolute Verschwiegenheit. Doch wenn nichts mehr auszurichten, wenn offene Gegenwehr heller Wahnsinn ist, bleibt der überlebenden Gruppe einzig die Hoffnung. Sie ist zum Warten verurteilt, bis sich die Lage ändert. So lange muß sie überleben, immer bedroht von Verrat, Angst, Resignation.

Ähnlich dramatisch verläuft die Explosion einer Koalition. Aus heiterem Himmel treibt es die Verbündeten auseinander, ein plötzlicher Eklat, und jeder eilt davon. Natürlich hat das Vorkommnis eine Vorgeschichte, aber die Explosion war am Ende kaum absehbar. Die Zündschnur war nur kurz. Explosionen entstehen nicht, sie ereignen sich. Unversehens bricht die Allianz auseinander, obwohl alle geglaubt hatten, ihre Gemeinsamkeit sei unanfechtbar gewesen. Es ist die Explosion des Vertrauens, der fraglosen Selbstverständlichkeiten, welche die Alliierten auseinanderjagt. Der Anlaß kann ganz zufällig, das Streitthema höchst belanglos sein, allein die Tatsache, daß man völlig unerwartet in Streit und Rage geraten ist, zerstört die Fiktion, auf der die Allianz aufgebaut war. Der Eklat ist selbst schon die Katastrophe.

Die Bedingungen der Eruption liegen auf der Hand. Am Anfang steht die gemeinsame Blindheit gegenüber inneren Divergenzen. Der fiktive Arbeitskonsens wurde leichthin mit wirklicher Übereinstimmung verwechselt, Anzeichen für auseinanderstrebende Interessen wurden einvernehmlich unterdrückt. Und nun stellt sich auf einmal heraus, daß einen der andere hintergangen hat. Die Sache kann längst verjährt und ganz harmlos gewesen sein. Doch wenn die Stunde der Abrechnung schlägt, zählt keine Nachsicht. Mißtrauen, Wut und Haß greifen um sich, nicht wegen der einzelnen Untat, sondern weil diese Untat schonungslos die eigene Leichtgläubigkeit bloßlegt. Wenn Fiktionen zerspringen, an die man sich bislang geklammert hat, sind Entschuldigungen sinnlos. Alles, was der andere nun sagt, steigert nur den Groll. Die Enttäuschung ist maßlos, die Enttäuschung über den anderen und über die eigene Gutgläubigkeit. Der blinde Irrglaube an Harmonie und Konsens verschärft den Zwist und führt geradewegs ins Desaster.

Wer sich nicht streitet, kann auch keine Übung darin gewinnen. Allianzen, die sich in ungebrochenem Optimismus ergehen, sind für den inneren Ernstfall schlecht gerüstet. Nicht minder ruinös ist die Fixierung auf den äußeren Gegner. Zwar ist man zusammen, weil man gemeinsam gegen etwas ist, doch man bleibt nur zusammen, wenn man sich darin übt, auch gegeneinander sein zu können. Sonst fehlt die interne Konfliktpraxis, die Erfahrung in der Begrenzung des Streits. Konfliktregeln sind nicht installiert, jeder mischt sich ein, der Streit überwuchert die Zusammenarbeit, ideologische Divergenzen rücken in den Vordergrund. Verfahren zur Eindämmung oder Lösung des Konflikts stehen keine bereit. Versucht eine Seite, in aller Eile noch einen dämpfenden Vorschlag anzubieten, wird ihr dies nur als geschickter Winkelzug ausgelegt. Der Rahmen der Situation zerbricht, die Arena wird offen für alles. Fehlende Konfliktgewohnheiten erzeugen die Anomie, an der das Bündnis zugrunde geht. Die Komplexität explodiert, die Ungewißheiten nehmen abrupt zu. Der sicherste Ausweg ist, möglichst schnell das Weite zu suchen.

Besonders gefährdet sind Allianzen mit bipolarer Struktur. Ihnen fehlt der Dritte, der ausgleichen, vermitteln oder dazwischenfahren könnte. Die Fraktionen treffen unmittelbar aufeinander, ohne Distanz und ohne Seitenblick. Eine Schiedsinstanz ist nicht vorhanden, auch kein Machtzentrum, das die Streithähne trennen könnte. Was sonst die Eintracht und Gleichheit stützt, schlägt jetzt zum Nachteil aus. Fehlt der Allianz der überlegene Kopf, sind die Kontrahenten miteinander allein. Die Aggressionen können keiner Bündnisraison unterworfen oder nach außen umgelenkt werden.

Explosionen hinterlassen nur Rauch und Staub, versprengte Rest-
gruppen, welche die Gegenseite nur noch einzufangen braucht.
Einen ganz anderen Verlauf nimmt die Sezession. Sie zersprengt
die Allianz nicht, sondern spaltet sie. Sezession ist das Gegenteil
der Fusion. Während bei Fusionen die Gruppen ihre Unabhängigkeit aufgeben, trennt die Sezession die Koalitionsbande auf
für neue Freiheit und Selbständigkeit. Mit individueller Abwanderung ist dies keinesfalls zu verwechseln. Der stumme Protest
des Austritts läßt die Allianz unangetastet. Freie Stellen werden
neu besetzt. Die Sezession einer Protestgruppe hingegen reißt ein
Loch in das Gefüge. Sie hinterläßt eine Rumpfkoalition, der die
Glieder erst wieder nachwachsen müssen.

Abtrünnige sind keine Überläufer. Sie wechseln nicht zur Konkurrenz, im Gegenteil: Häufig sind es Rebellen, denen die Koalition nicht radikal genug war. Sie protestieren gegen die Trägheit
des Apparats, gegen den Verrat an den Idealen, gegen den Burgfrieden mit dem Erzfeind, gegen den Alltag des Kompromisses.
Das Klima ist ihnen zu lau, die Bündnispolitik zu friedfertig, die
Koalition zu korrumpiert. Nachdem alle inneren Reformversuche
fehlgeschlagen sind, propagiert diese Fraktion im Namen der alten Werte geschlossen den Austritt. Am Ende reicht meist die
Einzelaktion eines couragierten Wortführers, um den Eklat aus-
zulösen. Eine Flugschrift an der Kirchentür, eine flammende Rede vor der Vollversammlung, ein Aufruf an die Gleichgesinnten,
und das Schisma ist vollzogen.

Die Stunde der Sezession ist meist absehbar. Der Austritt ist nur
der letzte Schritt, der Endpunkt einer langwierigen Entfremdung.
Die Zusammenarbeit war seit langem gestört, die Gemeinsamkeit
ausgehöhlt. Die endlosen Bleibeverhandlungen waren das einzige, was die Koalition noch verband. Zusammen suchten die Frak-

tionen nach einem Vorwand für das Ende. Die Rebellen drohten mit Austritt, die Machthaber mit Ausschluß oder Exkommunikation, Beide beschworen die Einheit der Allianz und malten die fremde Bedrohung an die Wand. Bis zur Selbstverleugnung reichten manchmal die Zugeständnisse. Diese Lage ändert die Sezession mit einem Schlag. Sie wirkt wie ein Akt der Befreiung, und zwar für beide Seiten. Nun kann sich jeder wieder auf sich selbst besinnen. Die Koalition ist die Unruhestifter endlich los, und die Rebellen streifen endgültig die Fesseln des Bundes ab. Natürlich schiebt jeder dem anderen die Schuld zu, schließlich muß der Eklat gerechtfertigt werden. Doch insgeheim ist jeder froh, daß die Sache vorbei ist und jeder seiner Wege gehen kann.

Nur kurzsichtige Gegner können über Sezessionen schadenfroh lachen. Sie sehen lediglich, wie sich die Allianz selbst zerfleischt. Zwar sind keine Überläufer zu erwarten, doch erspart die Selbstspaltung des Bündnisses die mühselige Arbeit des Abwerbens. Die Sympathie gilt den Rebellen, man unterstützt sie, wo man kann und obwohl sie meist zornig ablehnen. Daß die Sezession einen neuen Gegner freisetzt, der bislang durch die Koalitionsdisziplin gebunden war, entgeht dieser Sichtweise. Was zunächst wie eine Schwächung der Opposition aussieht, kann sich nämlich mittelfristig zu einem Doppelkrieg auswachsen. Gelingt es der beschädigten Rumpfkoalition, die Lücken wieder zu schließen, und verkommt die Protestgruppe nicht zu einer bedeutungslosen Sekte, stehen auf einmal zwei Parteien vor den Toren der Macht.

Die Sezession verschiebt die Gewichte im Machtfeld. Die alte Allianz führt zunächst ihre maßvolle Politik weiter, die neue Gruppe indes kämpft mit überraschender Radikalität und Entschlossenheit. Dies erhöht für den Gegner die Unwägbarkeiten und zwingt ihn, seine Außenpolitik aufzuteilen. Die alten Reformisten lassen sich meist noch ködern oder hinhalten, die Revolu-

tionäre jedoch werden unerbittlich angeprangert oder verfolgt.
Aber obwohl sich die Allianz selbst aufgespalten hat, bleibt eine
Wiedervereinigung der feindlichen Brüder eine stete Gefahr. Allzu brutale Maßnahmen treiben sie wieder zusammen und radika-
lisieren die Reformer. Aussichtsreicher ist es deshalb, den Bru-
derzwist auf Dauer zu stellen, die gekränkte Union auf die eigene
Seite zu ziehen und die Abtrünnigen zu isolieren. Ganz ohne Er-
folgschance ist dies keineswegs. Denn obgleich die Brüder noch
immer im selben Lager stehen, hat die Sezession tiefe Gräben ge-
rissen. Mitunter braucht es Jahrzehnte, ja Jahrhunderte, bis sie
einander wieder näher kommen und ein ökumenisches Abkommen schließen.

Verrat

Nach dem Schisma beschuldigt man sich gegenseitig des Verrats
an der gemeinsamen Sache. Die einen haben dem Bund den
Dolch in den Rücken gestoßen, die anderen sich dem Feind an-
gebiedert und kampflos die alten Werte und Ziele preisgegeben.
Jedermann kann so zum Verräter werden, wenn andere ihn dazu
erklären. Davon ist der wirkliche Koalitionsverrat zu unterscheiden. Er entspricht nicht dem Hochverrat, sondern dem Landes-
verrat. Der Hochverräter beleidigt die Majestät einer Macht, ohne
daß Dritte eine Rolle spielen. Der Koalitionsverräter geht einen
ganz anderen Weg. Er kündigt den Bündniseid auf, liefert dem
Widersacher die gewünschte Information, streicht dafür sein Ho-
norar ein — und landet im Abseits. Er verrät keine Werte, sondern Geheimnisse. Je höher die strategische Bedeutung seiner
Nachricht, desto größer seine Zerstörungsmacht und desto höher
der Judaslohn. Ein Wink, eine geheime Meldung, eine Fährte zur
Gefechtszentrale, und das Ende der Allianz ist besiegelt. Allianzen, die mitten in der Schlacht stehen, zentralisieren deshalb die

Informationsmacht und schließen die meisten Verbündeten von den Geheimnissen aus. Die egalitäre Verteilung des Wissens, so sehr sie die Solidarität fördern mag, ist für Kampfbündnisse ruinös. Wenn jeder alles weiß, kann jeder zum Agenten werden.

Verrat ist keine Frage persönlicher Neigung. Er entsteht aus dem Stand des Konflikts. Zwar gibt es fast überall jene beweglichen Kontaktleute, die ihre Ohren überall haben und alles ausplaudern, was sie erfahren haben. Aber dies sind keine Verräter, sondern Klatschbasen. Ihnen geht der kühle Kalkül des Verräters vollkommen ab. Der wahre Verräter verrechnet das, was er hat, mit dem, was er zu bekommen hofft. Er vergleicht das, was ihm das Bündnis einbringt, mit dem, was ihm die Konkurrenz bietet. Während sich die anderen an Gefühlen der Verbundenheit und Sicherheit erwärmen, hat der Verräter nur seinen Vorteil im Sinn. In ihm erreicht die strategische Rationalität ihre höchste Form. Solange die Allianz hält, was sie verspricht, bleibt er dabei, sonst geht er. Er traut weder der Brüderlichkeit noch träumt er von falschen Gemeinsamkeiten. Was zählt, ist der Ertrag der Investition. Je tiefgreifender daher die Krise der Koalition, desto rationaler ist der Verrat. Wenn nämlich absehbar ist, daß das Bündnis kurz vor dem Ende steht und irgendeiner den Verrat begehen wird, ist es immer zweckmäßig, der erste Verräter zu sein.

Nicht Enttäuschung, sondern Erfolg ist die Quelle des Verrats. Wer in der Allianz die höchste Anerkennung genießt, erhält von der Gegenseite die attraktivsten Angebote. Sie auszuschlagen wäre pure Verschwendung. Auch hier gilt das Gesetz: Der Erfolg nährt den Erfolg. Nicht der Frustrierte und Machtlose ist der geborene Verräter, sondern der Erfolgreiche. Wer von der Beute nur wenig abbekommen hat, rechtfertigt seine weitere Mitgliedschaft im Bündnis häufig mit den Pflichten der Loyalität. Oftmals fühlen sich diejenigen der Koalition besonders verbunden, die am wenigsten von ihr profitieren. Wer hingegen vom Gewinn den größten Anteil kassiert hat, ist von derlei Verpflichtungen frei. Unbefangen kann er den Eid brechen, an den er ohnehin nie geglaubt hat. Koalitionen müssen also, wollen sie dem Verrat vorbeugen, dafür sorgen, daß es keinem zu gut geht.

Purer Egoismus ist freilich kurzsichtig. Nur auf den eigenen Vorteil aus zu sein, zerstört die Wechselseitigkeit der Perspektiven. Die Prämie vor Augen ist der Verräter kaum mehr imstande, die Folgen seiner Untat vorauszusehen. Kaum hat er seine Heimat verlassen und das Dokument übergeben, wirft ihm der Empfänger die Tür vor der Nase zu. Ob er die versprochene Prämie tatsächlich auszahlt, hängt ganz von seiner Gnade und Dankbarkeit ab. Nach Übermittlung der Nachricht hat der Verräter jeden Wert verloren, es sei denn, er hat weitere Informationen oder Trümpfe in der Hinterhand. Kluge Verräter bestehen daher zumindest auf einer Vorauszahlung. Sonst sitzen sie mit leeren Händen zwischen den Fronten und können weder vor noch zurück.

Den Verräter umgibt eine fatale Aura. Er ist der Judas der Koalition. Dafür gibt es rationale und magische Gründe. Seit jeher haftet am Verräter der Geruch der Ehrlosigkeit. Er bricht das gesellschaftliche Tabu der Treue und Gemeinschaft. Nichts scheint empörender als diese Asozialität, die Beziehungen aufkündigt, wenn sie zu nichts mehr nütze sind. Verrat ist ein Sakrileg an der Religion des Sozialen. Trotz aller Zweckrationalität weisen viele Koalitionen nicht nur Aspekte der Gesellschaft auf, sondern auch der Gemeinschaft. Je erfolgloser sie sind, desto mehr zählt der Eid der Brüderlichkeit. Ihn bricht der Verrat in schamloser Weise. Davon will auch der Feind nicht angesteckt werden. Insoweit ist er mit den Verratenen einig. Hinzu kommt eine rationale Kalkulation: Der Verräter ist ein Opportunist, auf den schwerlich

Verlaß ist. Wer den einen verrät, verrät auch den anderen. Ihn dankbar in die eigenen Reihen aufzunehmen, provoziert sofort den Neid der alten Partner und Gefolgsleute. Schon die Höhe des Judaslohns ist ihnen ein Dorn im Auge. Ihn künftig zu bevorzugen, verstieße gegen die Gleichheitsnorm der Partnerschaft. Daher landen Verräter, falls man sie nicht gleich mit einer neuen Identität in die Wüste schickt, bestenfalls auf den Hinterbänken. Dort werden sie auf Bewährung versteckt, bis Gras über die Sache gewachsen ist.

Koalitionswechsel

Vom Aspekt des Verrats ist auch der Koalitionswechsel nicht ganz frei. Der Überläufer enthüllt zwar keine Geheimnisse, dafür entzieht er dem Bündnis seine Ressourcen und stellt sie dem Gegner zur Verfügung: Waffen oder Stimmen, Sachverstand oder Einfluß, Erfahrung oder Autorität. Im triadischen Gleichgewicht, in dem der kleinste Verband das Zünglein an der Waage spielt, reichen schon minimale Anteile, um den bisherigen Regierungspartner auf die Oppositionsbank zu verbannen. Die Bildung der neuen Koalition ist hier zugleich das Ende der alten. Assoziation verläuft parallel zur Dissoziation.

Immer jedoch muß der Überläufer den Makel des Verrats abwischen und sich als zuverlässiger Bündnisgenosse präsentieren. Diese Aufgabe ist höchst delikat. Immerhin schwört der Überläufer dem ab, woran er soeben noch geglaubt hat. Und er agiert nicht nur nach zwei, sondern nach vier Seiten. Erstens bricht er eine Verbindung ab, zu der er kurz zuvor noch gestanden hat, zweitens hat er die Vorbehalte des neuen Partners auszuräumen, mit dem er bislang in heftigstem Streit gelegen hat. Drittens ist die eigene Gruppe auf den neuen Kurs einzuschwören und die innere Zerreißprobe zu bewältigen. Und viertens muß man die Zuschauer, welche die alte Linie favorisiert haben, von der Notwendigkeit des Lagerwechsels überzeugen.

Um sich vom alten Partner zu lösen, benutzt man die bewährten Techniken der Konfliktverschärfung. Man legt sein Veto gegen unliebsame Beschlüsse ein, betont ideologische Unterschiede, beschuldigt den anderen mangelnder Verhandlungsbereitschaft, weist ihm die Schuld für Mißerfolge zu und erfindet neue Essentials, von denen man mit Sicherheit weiß, daß sie auf keinen Fall kompromißfähig sind. Damit läßt sich ohne Schwierigkeiten jede Koalition ruinieren.

Allerdings dürfen diese Manöver keinesfalls als mutwillige Zerstörung erscheinen. Das Ende muß wie ein unabwendbarer, notwendiger Schicksalsschlag aussehen, nicht wie eine planvolle Aktion. Bemerkt der Partner vorzeitig, was der Überläufer ausheckt, schaut er sich selbst nach neuen Alliierten um und knüpft erste Kontakte mit der Gegenseite. Außerdem darf man es mit ihm auch nicht ganz verderben. Es könnte ja sein, daß man sich später wiederseiht und sich nochmals zusammentun muß. Dosierte Eskalation und richtiges Timing sind für den Überläufer ein und alles. Streitigkeiten vom Zaun zu brechen, bevor der neue Vorvertrag unter Dach und Fach ist, wäre allzu riskant. Man soll nie einen Partner verlassen, bevor man nicht einen neuen hat.

Koalitionswechsel brauchen Zeit und Vorbereitung. Eine Tür hinter sich zuzuschlagen, ist eine Sache von Sekunden, die nächste Tür zu öffnen braucht manchmal Wochen und Monate. Obwohl sie sehnsüchtig den Überläufer erwartet hat, ist die Gegenseite vorsichtig und skeptisch. Wenn das Bündnis auseinanderbricht, hat sie die Wahl: Sie kann mit dem einen zusammengehen oder mit dem anderen. Den Spurt gewinnt am Ende derjenige, der hinreichende Seriositätsbeweise liefert und den Verdacht des

Opportunismus zu entkräften weiß. Ein Indiz dafür ist bereits die Vertraulichkeit der Vorverhandlungen. Der Bruch muß diskret angebahnt werden. Man signalisiert unter der Hand Erreichbarkeit und schafft geheime Kanäle über Mittelsmänner. In kleinem Kreis treffen sich ausgewählte Repräsentanten. Denn je kleiner der Kreis, desto sicherer das Geheimnis und desto reibungsloser die Sondierung. Stellvertreter sind eher bereit, sich auf überhöhte Übertrittsprämien zu einigen und alte Unverträglichkeiten zu vergessen, als ihre Herkunftsgruppen. Der Überläufer muß plausibel machen, daß die alte Gegnerschaft seine Bündnisbereitschaft nicht einschränkt. Der neue Partner öffnet seine Arme nicht sogleich, er vergleicht die Angebote und Forderungen und inszeniert Testfälle auf die Zuverlässigkeit. Bevor man den neuen Vertrag besiegelt, erprobt man an ausgesuchten Entscheidungen, ob das neue Bündnis trägt. Diese Phase des Wechsels ist überaus prekär. Der Dritte muß den Zweiten, den Überläufer, ködern, damit jener nicht zurückweicht und reumütig beim Ersten bleibt. Der Zweite, der noch nicht unterschrieben hat, darf sich keiner Seite ausliefern. Und der Erste, der den Absprung wittert, darf nicht so gekränkt sein, daß er die Kontakte mit Partner und Gegenseite völlig abbricht. Sonst verspielt er jede Chance, den Überläufer festzuhalten oder sich in einer Zangenkoalition mit der Opposition zusammenzutun. Erst wenn nichts mehr zu verhindern ist, kann er als erster den Schritt an die Öffentlichkeit tun, vor aller Augen das Bündnis aufkündigen und den Überläufer als Verräter abstempeln. So wahrt man zumindest sein Ansehen und zeigt endlich die so lange vermißte Entscheidungskraft.

Der Verdacht des Opportunismus läßt sich nur mit Profil entkräften. Der Nachweis der Selbständigkeit ist aufs engste mit dem Problem der Einheit verknüpft. Ein Koalitionswechsel stellt die Partei stets vor eine innere Zerreißprobe. Viele fühlen sich von dem Kurswechsel der Spitze überrumpelt. Das Ressentiment gegen den neuen Verbündeten ist ungebrochen. In der alten Koalition hatten sich im Laufe der Zeit verläßliche Teams, ideologische Wahlverwandtschaften oder sogar persönliche Freundschaften entwickelt, und nun soll man sich mit einem Gegner vereinigen, den man jahrelang heftig bekämpft hat. Es muß keineswegs reines Lagerdenken sein, das dem Wechsel entgegensteht. Häufig sind es Bindungen und Sicherheiten, die man ungern aufgibt. Je länger eine Koalition bestand, desto größer die Gemeinsamkeiten und desto schwächer die strikte strategische Orientierung. Wer nun das Bündnis aufkündigt, spaltet zugleich die eigene Gruppe. Allerdings sind auch die beharrenden Kräfte für private Vorteile keineswegs unempfänglich. Mit attraktiven Posten, Entschädigungen oder Ausgleichszahlungen sind sie ohne weiteres zu gewinnen: Macht und Geld gegen die Aufgabe der Gewohnheit. So starten neue Koalitionen zuweilen mit der Hypothek, hinreichend Plätze schaffen zu müssen, die vorab für ihre inneren Gegner reserviert sind.

Die innere Polarisierung ist meist nur das Spiegelbild einer Polarisierung des Publikums. Demokratische Parteien oder Verbände, die in ihrer Existenz von äußerer Zustimmung abhängen, müssen den Koalitionswechsel akzeptabel inszenieren. Frühzeitig lanciert man, daß es mit dem alten Partner nicht mehr zum besten steht, daß er an inneren Querelen laboriert oder ideologisch so weit abgedriftet ist, daß eine gedeihliche Zusammenarbeit kaum mehr möglich ist. Es gehört zur hohen Kunst des Bündniswechsels, dem Verlassenen öffentlich die Schuld in die Schuhe zu schieben und sich selbst als Retter des Gemeinwesens zu präsentieren. Dies mag manche Wähler verprellen und sie, aus Überzeugung oder Mitleid, dem Verratenen in die Arme treiben. Für die Durststrecke des Überlebenskampfs erhält man dafür jedoch die Leihstimmen des neuen Alliierten. Überdies darf keinesfalls der Eindruck entstehen, die Koalition sei an irgendeiner Lappalie gescheitert. Der Anlaß muß von höchster Wichtigkeit sein, am besten eignet sich eine nationale Notlage. Und schließlich ist noch Vertrauen für die neue Allianz einzuwerben. Die Scripts der Eintracht und der Strebsamkeit werden aufgefrischt, nur mit anderer Besetzung. Da das Gedächtnis des Publikums kurz ist, merkt kaum jemand, daß sich der Spielplan gar nicht geändert hat.

Agonie

Überläufer, Verräter und Abtrünnige beenden das Bündnis, indem sie gehen. Explosionen jagen alle auseinander, ebenso die Repression der Despotie. All diesen Prozessen ist ein Akt der Dissoziation gemeinsam, ein Zeitpunkt, an dem der soziale Zusammenhang auseinanderbricht. Eher unauffällig erscheint dagegen eine andere Endphase der Koalition, der Zustand der sozialen Agonie. Wenn die Attraktionskraft des Kampfes erlahmt ist, zerfällt das Bündnis in seine Elemente. Die Versprengten dämmern dahin, jeder hockt in seiner Ecke und leckt seine Wunden. Jeder ist nur noch er selbst. Niemand hilft irgend jemandem, jeder denkt nur an sich. Agonie ist kein Prozeß, sie ist ein finaler Zustand. Der Machtkonflikt ist entschieden, der Gegner verschwunden, die Zusammenarbeit beendet, die innere Einheit zerbrochen. Weiteres strategisches Handeln erscheint zwecklos. Es ist nichts mehr zu tun, nichts mehr zu erwarten. Geblieben ist allein die Erinnerung an die gemeinsame Praxis. Anders als die konspirative Gruppe, die der Liquidierung der Allianz entgangen ist und in einer Nische überwintert, kennt die Agonie keine Zukunft. Sie ist ein Zustand der Starre, der Kristallisation. Gegenwärtig ist nur mehr die Vergangenheit. Sie beherrscht Wahrnehmung, Wille und Vorstellung, ja sie tilgt sogar diese Aktivitäten des Geistes nahezu aus. Der Wille richtet sich auf Zukünftiges, auf Ereignisse, die eintreten sollen. Vorstellungen entwerfen Zustände jenseits der aktuellen Situation. Wahrnehmungen gelten der Gegenwart, in der man sich gerade befindet. All dies ist im Zustand der Agonie blockiert. Nicht einmal die Erinnerung gleicht mehr einem gezielten Akt, niemand sucht nach Vergessenem, niemand berauscht sich mehr an vergangenen Erfolgen, niemand trauert verpaßten Gelegenheiten nach, niemand deutet die Geschichte mehr um. Wenn die Zeit des Handelns vorüber ist, kehrt sich das Weltverhältnis um. Widerfahrnisse treten an die Stelle des Handelns. Der Geist erinnert sich nicht, die Erinnerungen ergreifen ihn. Fragmente stellen sich ein, sie kommen und gehen, bis es zu Ende ist.

Agonie ist die radikalste Form der Individualisierung. Sie markiert den Grenzpunkt jeder Sozialität, jenen Übergang, an dem das soziale Handeln endet und die Wechselseitigkeit abstirbt. Die Koalition, diese zerbrechlichste, unverbindlichste und weitmaschigste Form des Miteinander fällt zurück in das Nebeneinander, in eine Serialität, der jedoch die parallele Ausrichtung nach vorn gänzlich fehlt. Es ist ein dumpfes, brütendes Nebeneinander, ohne Aufmerksamkeit, ohne Teilnahme, ohne Interesse. Der Brennpunkt, an dem sich gemeinsame Aktivitäten entzünden könnten, ist verschwunden. Man ist weder für etwas noch ist man gegen etwas. Die Wechselseitigkeit der Perspektiven ist getilgt. Jeder sieht nur sich selbst. Ob alle zurückgekehrt sind, ob einer fehlt, es wird nicht einmal mehr bemerkt. Jeder Versuch, nochmals von vorn zu beginnen, überhaupt nur einen Kontakt herzustellen, scheitert an der Apathie der anderen. Die Depression befestigt die Isolation, und die Isolation begründet die Depression. Die Koalition ist aufgelöst, ihre Macht erloschen.

Wolfgang Sofsky

bei CreateSpace Independent Publishing Platform: London/ Leipzig/Wroclaw.

Verkauf und Versand weltweit durch Amazon

Koalitionen
br., 140 Seiten, 8,60 €
Denkbilder
br., 160 Seiten, 43 SW-Abb., 12,80 €
Lautlos. Kurze Geschichten
br., 134 Seiten, 7,80 €
Prinzip Sicherheit
br., 162 Seiten., 8,90 €
Todesarten. Bilder der Gewalt
br., 280 Seiten., 34 SW-Abb., 16,80 €

www.ingramcontent.com/pod-product-compliance
Lightning Source LLC
Chambersburg PA
CBHW051458250726

48655CB00001B/480